# Garen ohne Fett und Wasser

# Garen ohne Fett und Wasser

## Gesundheit und Genuß

### Herausgeberin:
### AMC-Alfa Institut, Dr. oec. troph. Doris Rumm-Kreuter, Rotkreuz

Als AMC-Mitarbeiterin engagiert sich Doris Rumm-Kreuter tagtäglich für eine gesunde und schmackhafte Ernährung. Ihre Doktorarbeit schrieb sie zum Thema «Haushaltstechnik». Zuvor hatte sie vier Jahre Ernährungswissenschaft studiert und ein Jahr als Diät-Assistentin in einer Klinik praktische Erfahrungen gesammelt. Seit 1985 ist sie Leiterin des Bereichs «Ernährung und Haushaltstechnik» im Alfa Institut, dem Forschungs- und Entwicklungszentrum der AMC-Gruppe.

### Mitautoren:
### Otto Koch, Restaurant «Le Gourmet», München

Otto Koch ist Münchner. Hier wuchs er auf, hier begann seine berufliche Laufbahn. Hierher ist er nach vielen Wanderjahren zurückgekehrt. Kontinuität und Kreativität standen schon immer auf seiner Fahne. Ein Stern ist dazugekommen. Als Vordenker der deutschen Küche von morgen wird er gerne bezeichnet. Seine Feinschmecker-Oase «Le Gourmet» im Herzen Münchens gehört zu den feinsten Adressen Deutschlands. Hier wie auch in den übrigen Lokalen im gleichen Haus (Bistro Schwarzwälder Eck, Restaurant Schwarzwälder) bietet er Bestes nach Münchner Art.

### Heinz Witschi, Witschi's Restaurant & Bar, Zürich-Unterengstringen

Seit dreißig Jahren steht er nun am Herd, der ehrgeizige, vielgereiste Stadtzürcher, für den El Salvador genau so wenig fremd ist wie Togo, Thailand oder Hammamet. Einige Jahre sind es her, seitdem er den Schritt raus aus der City an die Peripherie gewagt hat. Rückblickend kein Nachteil, sondern der Start zu einer außergewöhnlichen Karriere. Sein beruflicher Aufstieg war steil, am ehesten vergleichbar mit einem imposanten Feuerwerk. Einem Feuerwerk, das sich bis in unsere Tage hält. Die Krönung: Gault Millau Koch des Jahres 1993.

© 1994 MIDENA VERLAG; CH-5024 KÜTTIGEN/AARAU
und AMC International, CH-6343 Rotkreuz
Projektkoordination: Dr. Doris Rumm-Kreuter,
Eugen M. Thalmann
Rezeptbearbeitung: Ina Demmel, Edith Koch
Fotos: Teil 1 (Einführung) und Teil 2 (Alltagsrezepte):
Archiv der AMC. Rezepte von Otto Koch (Restaurant
Schwarzwälder/Le Gourmet, München): Studio Eising,
München
Rezepte von Heinz Witschi (Witschi's Restaurant & Bar,
Zürich-Unterengstringen): Evelyne und Hans Peter König,
Zürich
Gestaltung Umschlag: Dora Hirter, Aarau
Fotolithos: Litho 2000 AG, Basel
Satz: Kneuss Satz AG, Lenzburg
Druck: Druckerei Neue Stalling, Oldenburg

ISBN 3-310-00151-2

## Vorwort

## Einführung

## Kochen im Alltag

### Salate und Vorspeisen

### Suppen und Eintöpfe

### Gemüse

# INHALTSVERZEICHNIS

# Festlich Kochen

## Vorspeisen

## Hauptspeisen

## Desserts/Nachspeisen

# INHALTSVERZEICHNIS

(1) Otto Koch, München

(2) Heinz Witschi, Unterengstringen

Wo nicht anders vermerkt, sind die Rezepte
für 4 Personen berechnet

EL  = Eßlöffel

KL  = Kaffeelöffel

Msp = Messerspitze

ml  = Milliliter

dl  = Deziliter

cl  = Centiliter

# Besser essen – Besser leben

Die Auswirkungen falscher Ernährungsweise sind bekannt. Rund 50 Prozent aller Krankheiten (z.B. Übergewicht, Herzkranzkrankheiten, Diabetes, Bluthochdruck, bestimmte Krebserkrankungen, Osteoporose) stehen in Zusammenhang mit Über- oder Fehlernährung.

In unserer Wohlstandsgesellschaft mit dem überreichlichen Angebot an Lebensmitteln liegen die Ernährungsfehler auf der Hand. Wir essen mehr, als unser Körper braucht. Wir verzehren zuviel Fett, zuviel Zucker, zuviel Salz. Und zudem achten wir kaum darauf, daß unsere Nahrung ausgewogen zusammengesetzt ist.

Zwar ist die Einsicht gewachsen, daß eine gesunde Küche schlanker macht, vitamin-, mineralstoffreicher und bekömmlicher ist. Wir achten beim Einkauf vermehrt auf Frische und Zusammensetzung der Produkte und stellen unseren Speiseplan allmählich um.

Ein wesentliches Element jedoch wird gerne übersehen: die Zubereitung der Speisen. Dabei ist die Garmethode, die wir wählen, ebenso wichtig wie die Geräte, die wir verwenden. Hier werden die besten Ansätze zu einer gesunden und schmackhaften Ernährung unwissentlich zunichte gemacht. Man setzt nicht konsequent fort, was beim Einkauf und der Auswahl der Nahrungsmittel begonnen wurde. Stattdessen kochen, braten, würzen wir kaputt, was unserer Gesundheit und unserem Genuß dienen sollte.

An diesem Punkt setzt das vorliegende Buch «Garen ohne Fett und Wasser» an. Es zeigt ein ganzes Garsystem zur schonenden und gesunden Zubereitung der einzelnen Speisen. Besonderen Wert wird darauf gelegt, kein zusätzliches Bratfett zu verwenden, das im wesentlichen überflüssige Kalorien liefert. Genauso wichtig ist der Verzicht auf Wasser, wollen wir doch nicht, daß wichtige Nährstoffe wie Vitamine ausgelöst werden und verloren gehen. Mit dem AMC-Multigarsystem hat es heute buchstäblich jeder selbst in der Hand, seine Speisen so schonend, gesund und schmackhaft wie möglich zu garen. Es ist das einzige System der Welt, mit dem man ohne Zusatz von Wasser und Fett automatisch garen und braten, schnellgaren, schnellbraten, backen, überbacken, kombinieren und servieren kann. Dieses Garsystem, kombiniert mit den ebenso raffinierten wie einfachen Rezepten, ist ein wertvoller Beitrag zur Gesundheit und schenkt darüber hin-

aus mehr Genuß. So können Gaumen und Zunge eine Vielzahl an neuen Genüssen entdecken – und es sind dies Genüsse ohne Reue.

Die neue Kochkultur eröffnet die Chance, das Gesundheitsbewußtsein und die Lust aufs Genießen unter einen Deckel zu bringen.


Doris Rumm-Kreuter, Dr. oec. troph.
Alfa Institut, Forschungs- und
Entwicklungszentrum der AMC

# Einführung

## Die Ernährung im Spiegel der Zeit

Lange ist es her, als wir Menschen uns ausschließlich auf die Beschaffung von Nahrungsmitteln konzentrierten und uns als Sammler, Jäger, Pflanzer und Ackerbauer betätigten. Es war eine einfache, schmackhafte Nahrung, die sich hauptsächlich aus Getreide, Kartoffeln, Gemüse und Früchten zusammensetzte. Fleisch war rar und kam demzufolge nur selten auf den Tisch.

Anfangs 20. Jahrhundert wurden Lebensmittel erstmals industriell hergestellt. Zu erwähnen sind Schokolade, Teigwaren, raffinierter Zukker. Die revolutionäre Verarbeitung hatte anfänglich ihren Preis. Nur wenige Menschen konnten sich diese Luxusgüter leisten. Ihr Glanz verblasste aber so rasch, wie die Industrialisierung fortschritt. Die folgenden Jahrzehnte gehörten der Lebensmittelindustrie: Halb- und Fertigprodukte schossen wie Pilze aus dem Boden und verdrängten die einfachen Nahrungsmittel.

Wo stehen wir heute? Das Nahrungsmittelangebot ist größer denn je und läßt keine Wünsche offen. Es bietet alle Voraussetzungen, sich nicht nur abwechslungsreich, sondern auch gesund zu ernähren. Die praktische Umsetzung scheint aber so einfach nicht zu sein: wir essen zu fett, zu süß, zu salzig, zu viel...

Was erwartet uns morgen? Die Aufklärung von Ärzten und Ernährungswissenschaftlern ist nicht ohne Echo geblieben. Zurück zu Grundnahrungsmitteln und schonender Zubereitung heißt die Devise. Mit dem heutigen Angebot an Nahrungsmitteln und verbesserten Zubereitungstechniken steht dem nichts mehr im Wege: die wertvollen Inhaltsstoffe werden geschont, das Nahrungsmittel bewahrt seinen Eigengeschmack. Wir brauchen weniger Fett und weniger Salz. Es darf ohne Übertreibung gesagt werden: Weniger Kalorien, mehr Genuß und mit Bestimmtheit ein besseres Lebensgefühl.

## Ernährungslehre

### Die Zusammensetzung der Nahrung

Wer sich richtig ernährt, schafft die beste Voraussetzung, gesund zu bleiben – ohne daß der Genuß zu kurz kommt. Um Genuß und Gesundheit in Einklang zu bringen, ist ein bißchen Ernährungswissen nötig.

Wir essen Lebensmittel wie z.B. Brot, Fleisch, Wurst, Käse, Gemüse, Obst, süßes Gebäck; doch der Körper verwertet Nährstoffe. Als Nährstoffe werden die in den Lebensmitteln enthaltenen Substanzen bezeichnet, aus denen unser Organismus durch Ab-, Um- und Aufbau körpereigene Stoffe bilden kann.

Der Mensch benötigt regelmäßig Nährstoffe in bestimmter Zusammensetzung. Mangel wie Überschuß werden für eine gewisse Zeit ohne Schaden überstanden. Länger andauernde Fehlernährung wirkt sich nachteilig auf die Gesundheit aus.

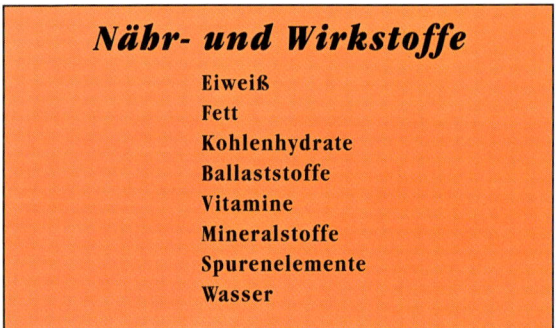

*Nähr- und Wirkstoffe*

**Eiweiß**
**Fett**
**Kohlenhydrate**
**Ballaststoffe**
**Vitamine**
**Mineralstoffe**
**Spurenelemente**
**Wasser**

### Die Energie

Energie wird bei der Umsetzung der Nährstoffe im Organismus in Form von Kalorien beziehungsweise Joule frei. Energie dient zur Aufrechterhaltung des Stoffwechsels, der Verdauung, des Kreislaufes, der Atmung und der Körpertemperatur sowie zum Aufbau neuer Zellen und zur Verrichtung körperlicher Arbeit.

Der Energiebedarf richtet sich nach der körperlichen Tätigkeit. Bei sitzender Tätigkeit (Büroberuf/Männer) ist der Energieumsatz rund 2250 kcal (9400 kJ), bei schwerer Arbeit (Handwerker) rund 3011 kcal (12600 kJ). Der Energiebedarf bei körperlicher Betätigung wird häufig überschätzt. Wer sich viel bewegt und regelmäßig Sport treibt, tut zweifellos Gutes für seine Gesundheit. Abnehmen allein durch Bewegung ist jedoch kaum möglich.

## Kalorienverbrauch

| | | |
|---|---|---|
| Sitzen (pro Stunde) | 95 kcal | (395 kJ) |
| Schreibmaschine schreiben (pro Stunde) | 80 kcal | (335 kJ) |
| Spazieren (pro Stunde) | 100 kcal | (425 kJ) |
| Gehen (4 km/Stunde) | 200 kcal | (840 kJ) |
| Laufen (9 km/Stunde) | 670 kcal | (2800 kJ) |
| Radfahren (15 km/Stunde) | 380 kcal | (1600 kJ) |
| Leichte Gymnastik | 210 kcal | (900 kJ) |
| Schwimmen (20 m/Min.) | 310 kcal | (1300 kJ) |
| Skilaufen (9 km/Std.) | 630 kcal | (2600 kJ) |

**Berechnungsgrundlage:
Mann 35 Jahre, 70 kg schwer**

Der Energiegehalt von Lebensmitteln wird heute mit der internationalen Maßeinheit Kilo-Joule (kJ) berechnet. Daneben existiert die Bezeichnung Kilo-Kalorien (kcal).

**1 kJ = 0,24 kcal
1 kcal = ca. 4,2 kJ**

## Engeriegehalt der einzelnen Nährstoffe

| | |
|---|---|
| 1 g Eiweiß | ca. 4 kcal (17 kJ) |
| 1 g Fett | ca. 9 kcal (38 kJ) |
| 1 g Kohlenydrate | ca. 4 kcal (17 kJ) |
| 1 g Alkohol | ca. 7 kcal (29 kJ) |

Wer auf die Dauer mehr ißt, als er benötigt, nimmt zu.
Wer weniger ißt, als er benötigt, nimmt ab.
Wer genausoviel ißt, wie er benötigt, kann sein Gewicht halten.

### Eiweiß

Eiweiß dient als Baustoff für neue Zellsubstanz, so zum Aufbau von Muskeln und Orga-

nen. Der tägliche Bedarf liegt bei 45 bis 55 g Eiweiß beim Erwachsenen. Kinder, Jugendliche, Schwangere und Stillende haben einen höheren Bedarf.

Tierisches Eiweiß ist in seiner Zusammensetzung dem menschlichen Eiweiß häufig ähnlicher als pflanzliches Eiweiß. Dies will aber nicht heißen, daß Menschen, die ihren täglichen Eiweißbedarf ausschließlich mit pflanzlichen Produkten decken, gesundheitlich in irgendeiner Form benachteiligt sind.

Beim tierischen Eiweiß begünstigen gewisse Inhaltsstoffe, wie verschiedene Fette, die Entstehung von Fettstoffwechselstörungen, Gicht, Harnsteinen usw.

Ein guter Mittelweg ist die Kombination von tierischem und pflanzlichem Eiweiß.

## Pflanzliche Eiweißlieferanten

**Hülsenfrüchte:** Grüne Bohnen, Linsen, Sojabohnen usw.
**Getreide:** Roggen, Weizen, Hafer, Mais, Reis usw.
**Samen, Kerne, Nüsse**
**Kartoffeln**

## Tierische Eiweißlieferanten

**Milch, Milchprodukte**
**Eier**
**Fleisch, Fisch**

### Fett

Fett ist ein wichtiger Energielieferant – aber auch eine der Hauptursachen des «Fett»werdens. Ganz ohne Fett geht es jedoch nicht. Zusammen mit Fett können die fettlöslichen Vitamine A, D, E und K aus dem Darm besser in den Blutkreislauf gelangen.

Man unterscheidet pflanzliche und tierische Fette sowie gesättigte, einfach ungesättigte und mehrfach ungesättigte Fettsäuren.

Der Unterschied liegt in der Zusammensetzung. Tierische Fette enthalten hauptsächlich gesättigte Fettsäuren, pflanzliche besitzen meist einen hohen Anteil an ungesättigten Fettsäuren. Mehrfach ungesättigte Fettsäuren sind lebensnotwendig. Der tägliche Bedarf liegt bei 10 g.

**Pflanzliche Fette**

**Pflanzenöle:** Sonnenblumenöl, Maiskeimöl, Distelöl usw.
**Pflanzenmargarine**
**Nüsse**

**Tierische Fette**

**Butter**
**Sahne/Rahm**
**Schweineschmalz**
**Rindertalg**

Unser Fettkonsum ist viel zu hoch. Rund 140 g (männliche Person) verzehren wir täglich. Die Empfehlungen für den Erwachsenen dagegen erlauben 25 bis 30% der täglichen Energiezufuhr in Form von Fett. Bei einer Tageszufuhr von 2400 kcal sind dies 80 g.
Wir essen Fett nicht nur als sichtbares Fett, z.B. in Form von Butter oder Öl. Viel unsichtbares Fett enthalten Wurst, fettes Fleich, Schokolade, Nüsse, zahlreiche Käsesorten, Eier.
Zum Anbraten werden bei herkömmlicher Bratmethode im Minimum 2 Eßlöffel Öl benötigt. Dies entspricht 25 g Fett = 220 kcal (920 kJ). Diese Kalorien lassen sich bei richtiger Bratmethode problemlos einsparen. Fleisch und Fisch kommen ohne Bratfett aus. Mehr dazu im Kapitel «Braten ohne Fett» Seite 28/29.

## Kohlenhydrate

Auch Kohlenhydrate sind Energielieferanten. Sie enthalten jedoch nur halb soviel Energie wie Fett. Verschiedene Stoffwechselvorgänge erfolgen mit ihrer Hilfe.
In der Nahrung kommen Kohlenhydrate als Einfachzucker, Stärke und Ballaststoffe vor. Einfachzucker sind einfache Kohlenhydrate wie zum Beispiel Traubenzucker (Glucose) und Fruchtzucker (Fructose). Kurzkettige Kohlenhydrate sind z.B. Milchzucker (Lactose) und Haushaltszucker (Saccharose).

Stärke bildet eine lange Kette von Zuckern. Bei der Verdauung muß diese Kette zuerst aufgespalten werden. Deshalb gelangt Stärke langsamer ins Blut als Zucker. Zudem enthalten stärkehaltige Nahrungsmittel meist mehr Mineralstoffe, Vitamine und Ballaststoffe als Zucker. Wichtige Beispiele sind Vollkornprodukte, Vollkornbrot, Hülsenfrüchte, Gemüse, Kartoffeln, Vollreis.

## Ballaststoffe

Ballaststoffe gehören zu den Kohlenhydraten und sind Pflanzenfasern, die für den menschlichen Organismus unverdaulich sind. Trotz des Namens «Ballaststoffe» sind sie kein Ballast, ganz im Gegenteil. Sie erfüllen wichtige Aufgaben. Sie verbessern die Darmtätigkeit und beugen Verstopfung vor. Ballaststoffe haben einen positiven Einfluß auf den Fettstoffwechsel und den Cholesterinspiegel. Ballaststoffreich sind Vollkornprodukte, Hülsenfrüchte, Obst und Gemüse.

## Vitamine

Der Mensch braucht Vitamine. Sie müssen täglich mit der Nahrung zugeführt werden. Vitamine haben vielfältige Funktionen im Körper. Meist sind nur sehr geringe Mengen notwendig, um die Steuerungsmechanismen im Körper aufrecht zu erhalten.
Wenn das Gemüse und die Kartoffeln als wichtige Vitaminträger ohne Zusatz von Wasser gegart werden, ist zur Schonung der wasserlöslichen Vitamine schon viel getan. Mehr dazu in den Kapiteln «Einkauf und Lagerung» Seite 23, «Obst und Gemüse vorbereiten» Seite 23, sowie «Garen ohne Wasser» Seite 24.

## Mineralstoffe/Spurenelemente

Mineralstoffe und Spurenelemente werden ebenso wie die Vitamine vom Körper nur in relativ geringen Mengen benötigt. Dennoch sind sie für einen reibungslosen Ablauf aller Lebensvorgänge wichtig.
Speisesalz nur sparsam verwenden. Die tägliche Salzmenge sollte 5 g nicht übersteigen. Ein Zuviel begünstigt das Entstehen von Bluthochdruck und Kreislauferkrankungen und

## Empfindlichkeit der Vitamine

| Wasserlösliche Vitamine: | Licht | Sauerstoff | Wasser | Hitze |
|---|---|---|---|---|
| B1 (Thiamin) | | X | X | X |
| B2 (Riboflavin) | X | X | | X |
| B6 (Pyridoxin) | X | X | | X |
| Niacin | | | X | |
| B12 (Cobalamin) | X | X | X | |
| C (Ascorbinsäure) | X | X | X | X |
| *Fettlösliche Vitamine* | | | | |
| A (Retinol) | X | X | | |
| D (Calciferol) | X | X | | |
| E (Tocopherol) | X | X | | |
| K (Phyllochinon) | X | | | |

## Wichtige Vitamine

| Vitamine | Wichtige Quellen | Wünschenswerte Zufuhr je Tag* | Wünschenswerte Menge/Tag ist enthalten in |
|---|---|---|---|
| Vitamin A | Leber, Milch, Butter, Eigelb, Margarine, Möhren/Karotten, Fenchel, Blattgemüse | ca. 1,0 mg-Aequivalent für die Frau, 1,3 mg-Aequivalent für den Mann (ca. 20%**) | 110 g Möhren/Karotten oder 4 l Milch |
| Vitamin B1 (Thiamin) | Schweinefleisch, Hefe, Nüsse, Getreidekörner, Vollkornbrot, Vollkornreis, Hülsenfrüchte | ca. 1,6 mg Frau, 1,9 mg Mann (ca. 30%**) | 250 g Schweinefleisch oder 800 g Vollkornbrot |
| Vitamin B2 (Riboflavin) | Hefe, Leinsamen, Weizenkeime, Fleisch, Milchprodukte, Gemüse | ca. 1,9 mg Frau, 2,1 mg Mann (ca. 20%**) | 70 g Schweineleber oder 450 g Champignons |
| Vitamin B6 (Pyridoxin) | Getreide, Hefe, Fleisch, Seefisch, Gemüse, Kartoffeln, Leber, Bananen | ca. 2,0 g Frau, 2,3 g Mann (ca. 20%**) | 600 g Bananen oder 600 g Weizenvollkornbrot |
| Folsäure | Kohlarten, Spinat, Broccoli, Weizenkeime, Sojabohnen | ca. 460 mg (ca. 35%**) | 500 g Spinat oder 55 g Weizenkeime oder 200 g Sojabohnen |
| Vitamin C (Ascorbinsäure) | Zitrusfrüchte, Gemüsepaprika/Peperoni, Sanddorn, Beeren, Gemüse | ca. 107 mg/Tag (ca. 30%**) | 50 g schwarze Johannisbeeren oder 100 g Gemüsepaprika/Peperoni oder 150 g Rosenkohl |
| Vitamin D (Calciferol) | Lebertran, Fettfisch, Leber, Margarine, Eigelb | ca. 5 µg/Tag | 75 g Hering oder 100 g Heilbutt |
| Vitamin E | Nüsse, Keime, Öle, Eigelb | ca. 13 mg-Aequivalent/Tag (ca. 10%**) | 50 g Mandeln oder 25 ml/ 0,25 dl Sonnenblumenöl |

\* Empfehlungen für die Nährstoffzufuhr (für Erwachsene), DGE, 1991

\*\* Zubereitungsverluste berücksichtigt

deregulirt den Mineralstoffhaushalt. Man bedenke, daß Fertigprodukte viel Salz enthalten: gepökelte und geräucherte Wurst- und Fleischwaren, marinierte, gesalzene Fische, Fertigsuppen und Fertigsaucen, bestimmte Gewürzmischungen, einige Käsesorten (z.B. Schmelzkäse), Salzgebäck, Mineralwasser.

Bei richtiger Nahrungszubereitung können wir die Mineralstoffe und Spurenelemente schonen (siehe Kapitel «Einkauf und Lagerung» sowie «Obst und Gemüse» vorbereiten Seite 23).

## Wasser

Der menschliche Körper besteht zu 60% aus Wasser. Wasser ist der wichtigste Bestandteil zum Beispiel von Blut, Lymphflüssigkeit, Verdauungssäften und Muskeln. Wasser löst die festen Bestandteile der Nahrung, transportiert die Nährstoffe zu den Zellen, reguliert den Wärmehaushalt des Körpers und ist an er Ausscheidung beteiligt.

Der tägliche Flüssigkeitsbedarf liegt bei 1½ bis 2 Liter. Hitze, starkes Schwitzen durch Sport oder körperliche Arbeit und hohe Speisesalzaufnahme erhöhen den Bedarf erheblich. Neben Getränken enthalten zum Beispiel Obst und Gemüse viel Wasser.

Mit Ausnahme von Mineralwasser, Kaffee und Tee (ohne Zucker und Milch) liefern alle Getränke zusätzliche Energie. Süße Limonaden und alkoholische Getränke sind heimliche Kalorienbomben.

---

**Mineralstoffe**
Calcium, Magnesium, Kalium

**Spurenelemente**
Eisen, Zink, Jod, Fluor

---

## Wichtige Mineralstoffe und Spurenelemente

| Mineralstoffe/ Spurenelemente | Wichtige Quellen | Wünschenswerte Zufuhr je Tag* | Wünschenswerte Menge/Tag enthalten in |
|---|---|---|---|
| Calcium | Milch, Milchprodukte, Vollkornprodukte | ca. 800 mg | 70 g Emmentaler oder 700 ml/7 dl Milch (3,5% Fett) |
| Magnesium | Getreideprodukte, Milch, Milchprodukte, Fleisch, Geflügel, Kartoffeln, Spinat, Sojabohnen | ca. 300 mg Frau ca. 350 mg Mann | 350 g Weizenvollkornbrot oder 130 g Sojabohnen oder 560 g Spinat |
| Kalium | pflanzliche Lebensmittel | Mindestbedarf 2 g/Tag | 700 g Kartoffeln oder 450 g getrocknete Linsen |
| Eisen | Fleisch, Soja, Hülsenfrüchte | ca. 15 mg Frau ca. 10 mg Mann | 400 g Rinderfleisch oder 150 g Sojabohnen oder 180 g Linsen (getrocknet) |
| Jod | Seefisch, jodiertes Speisesalz | ca. 200 mg | 100 g Seelachs oder 170 g Kabeljau |
| Fluorid | schwarzer Tee, Seefisch, Trinkwasser | ca. 1,5–4,0 mg | 150 g Kabeljau |

* Empfehlung für die Nährstoffzufuhr (für Erwachsene), DGE, 1991

| Häufige Ernährungsfehler ... ... einfach zu vermeiden | | |
|---|---|---|
| **Hoher Konsum** | **Lebensmittel** | **Risikofaktoren für Krankheiten** |
| fettreiche Speisen... | fettes Fleisch und Wurstwaren<br>fetter Käse wie Camembert, 60% Fett in der Trockenmasse<br>Aufstrichfette wie Butter, Margarine<br>Bratfette wie Öle, Margarine<br>fette Zubereitungsverfahren wie Fritieren oder Panieren<br>Nüsse | Übergewicht |
| fett- und zuckerreiche Speisen | Süßigkeiten wie Schokolade, Kuchen, Kekse/Kleingebäck | |
| zuckerreiche Speisen | Limonade, Colagetränke, Bonbons, Zucker, Honig | |
| Alkohol | Bier, Wein, Schnaps | |
| salzhaltige Speisen und starkes Nachsalzen | gepökeltes Fleisch, Kasseler Rippchen, Schinken, Salzhering, Räucherfisch, Fleischextrakte, Essiggurken, Ketchup, Oliven, salzige Knabbereien | Bluthochdruck |
| purinhaltige Speisen | Fleisch, Wild, Wurst, Geflügel, Innereien, Fisch, Weich- und Krustentiere | Anstieg der Harnsäurewerte (Risiko: Gicht) |
| cholesterin- und fetthaltige Speisen | tierische Fette, Butter, Schmalz, Speck, Wurstwaren, Fleisch, Wild, Süßspeisen, Eier, Kuchen | Anstieg der Cholesterin- und Blutfettwerte (Risiko: Herz-/ Kreislauferkrankungen) |
| zuckerreiche Speisen | Süßigkeiten, Zucker, Honig, Kuchen, Limonaden, Colagetränke, Obstkonserven | Anstieg des Blutzuckers |

## Am Anfang steht die Nahrungsauswahl

Die tägliche Ernährung soll ausgewogen sein. Mit Frischprodukten, seien diese nun pflanzlicher oder tierischer Herkunft, können wir uns gesund und ausgeglichen ernähren. Frischprodukte enthalten kaum Zusatzstoffe und versorgen uns mit den lebensnotwendigen Vitaminen und Mineralstoffen. Vor allem das Gemüse, die Früchte und das volle Korn halten unser Verdauungssystem in Schwung, sind sie doch Hauptlieferant von Ballaststoffen (unverdauliche Nahrungsfasern).

21

## Was sollen wir essen?

■ Schonend zubereitetes Gemüse kann mehr als Farbtupfer auf dem Teller sein. Vom großen Saisonangebot profitieren. Es bringt Abwechslung in den kulinarischen Alltag. Ein «Gemüsepotpourri» ist ein echter Genuß und unserer Gesundheit erst noch sehr zuträglich. Die frischen Kräuter nicht vergessen, die zusammen mit der richtigen Zubereitung das Salz überflüssig machen.

■ Ein Versuch mit Vollreis, Vollkornteigwaren, Frischkornmüsli, Vollkornbrot und Vollkornbackwarem usw. lohnt sich. Das Auge gewöhnt sich rasch an die «andere Farbe». Mit dem «neuen Aroma» wird der Gaumen keine Probleme haben: das Nahrungsmittel tritt aus der Anonymität, es hat wieder Eigengeschmack. Vollkornprodukte/Vollkorngerichte sind Nahrungsmittel, welche den Körper mit lebensnotwendigen Stoffen versorgen.

■ Milch und aus Milch hergestellte Produkte, z.B. Käse, Joghurt, Quark, essen, damit der Körper ausreichend mit Calcium versorgt wird. Beim Verzehr darauf achten, daß nicht zuviel Produkte mit hohem Fettgehalt ausgewählt werden.

■ Meerfisch nimmt unter den tierischen Eiweißprodukten eine Sonderstellung ein. Er ist reich an essentiellen Spurenelementen, insbesondere an Jod. Mehrfach ungesättigte Öle finden sich primär in Fisch mit hohem Fettanteil. Tip: öfters Meerfisch essen.

■ Fleisch ist ein guter Lieferant von B-Vitaminen, Eisen und Eiweiß. Fleisch, Wurstwaren und Eier sollten Beilagencharakter haben. Vor allem nicht täglich verzehren, drei- bis viermal wöchentlich genügt. Magerem Fleisch den Vorzug geben. Achtung: Wurstwaren enthalten versteckte Fette.

■ Frischkost. Frischkost ist rohes Obst und Gemüse. Es gibt nur wenige Gemüsesorten, die roh nicht verzehrt werden dürfen (Bohnen) oder in rohem Zustand nicht schmecken (Kartoffeln). Ob Rote-Bete, Spargel, Schwarzwurzel, Zucchini usw., sie alle eignen sich für köstliche Salate, desgleichen das Blattgemüse und die Kohlarten.

■ Unser Tip: täglich mindestens einmal die Mahlzeit mit einem Frischkostteller beginnen.

■ Das Wichtigste: Die tägliche Ernährung soll ausgewogen sein. Von allem etwas, von nichts zuviel.

### Einkauf und Lagerung

Wer beim Lebensmitteleinkauf das Saisonangebot (Obst, Gemüse, Salat) berücksichtigt, kauft preiswerter und gesünder. Dank offener Deklaration kann der Konsument bei Obst und Gemüse, aber auch bei Getreideprodukten, auswählen zwischen biologischen Produkten, Produkten aus integriertem Anbau (maßvoller Einsatz von Pestizid und Kunstdünger) und konventionellen Produkten.

Gemüse und Obst sollen frisch und knackig sein, nicht mehrere Tage im Lebensmittelgeschäft, eventuell sogar vor dem Laden in der prallen Sonne vor sich hin altern. Zuhause empfindliche Lebensmittel nur kurz an einem kühlen Ort, d.h. im Kühlschrank, aufbewahren:

■ Je kürzer die Lagerzeit und je niedriger die Lagertemperatur, desto kleiner sind die Verluste an wertbestimmenden Inhaltsstoffen, so zum Beispiel an Vitamin C.

■ Kühllagerung empfiehlt sich auch aus hygienischen Gründen. Bei Raumtemperatur haben schädliche Mikroorganismen einen guten Nährboden.

### *Obst und Gemüse vorbereiten*

Unter Vorbereitung fallen bei Obst und Gemüse das Putzen, Schälen, Waschen und Zerkleinern. Die Vitamin- und Mineralstoffverluste sind am geringsten, wenn diese Arbeiten unmittelbar vor der Zubereitung ausgeführt werden:

■ Gemüse und Salat bei Bedarf sparsam putzen.

■ Gemüse und Salate nur kurz waschen, nie wässern.

■ Gemüse nicht oder nur wenig zerkleinern.

## Garen – ist das notwendig?

Viele Speisen werden erst durch Erhitzen verzehrfähig, bekömmlicher und für den Organismus optimal verwertbar. So können Teigwaren, Reis, Hülsenfrüchte im rohen Zustand vom Körper nur schwer oder gar nicht verdaut werden. Auch rohe Kartoffeln sind unbekömmlich. Ihr Hauptbestandteil, die Stärke, ist in rohem Zustand nicht verwertbar. Grüne Bohnen enthalten einen Eiweißbestandteil, das Phasin, welches erst nach dem Garprozeß ungiftig wird. Auch werden durch Wärme sogenannte Hemmstoffe inaktiviert, sodaß die Nährstoffe vom Organismus voll genutzt werden können. Andere Stoffe, z.B. das Calcium in pflanzlichen Produkten, werden durch Hitzebehandlung zu einem höheren Prozentsatz resorbierbar und somit für den Körper verfügbar gemacht.

Der Garzustand, der durch Hitze erreicht wird, ist die Folge zahlreicher chemischer und physikalischer Vorgänge. Sie werden im Lebensmittel während dem Garvorgang in Abhängigkeit von Zeit und Temperatur ausgelöst. Viele dieser Hitzeumwandlungen sind positiv, andere negativ.

### Pluspunkte der Hitzeumwandlung:

■ Bessere Verdaulichkeit, z.B. von Eiweiß und Kohlenhydraten

■ Bildung anregender Geschmacks- und Geruchsstoffe

■ Entwicklung einer guten Konsistenz und Farbe

■ Abtöten eventuell vorhandener Mikroorganismen

### Negativpunkte der Hitzeumwandlung:

■ Unvermeidliche Nährstoffverluste durch Hitze, Oxidation und Auslaugen. Betroffen sind Kohlenhydrate, Vitamine und Mineralstoffe. Besonders empfindlich reagieren u.a. die wichtigen Vitamine C und B1.

Die Verluste können bei richtiger Gartechnik niedrig gehalten werden. Wasser, Sauerstoff, Zeit, Temperatur und Licht – das alles kann die Verluste an wertvollen Inhaltsstoffen in die Höhe treiben.

## Die richtige Zubereitung

■ Die lebenswichtigen Nährstoffe und Geschmacksträger müssen geschont werden, sollen also durch den Garprozeß nicht verloren gehen. Deshalb bei Gemüse und Kartoffeln auf das «Wasserbad» verzichten und schonend garen.

■ Auf Fettstoff (Öl, Margarine, Butter) bei der Zubereitung von Fleisch und Fisch verzichten. Gerade das Fleisch hat genügend, zum Teil auch verstecktes Fett, das für eine aromatische Kruste mehr als ausreicht. Mit weniger Kalorien mehr Genuß!

■ Nur sparsam salzen, Kräuter und Gewürze sind natürliche Aromaträger. Sie eignen sich zum Würzen von Gemüse, Getreide, Fisch, Fleisch usw.

## Gemüse und Kartoffeln garen

Die unvermeidlichen Verluste an wertgebenden Inhaltsstoffen können bei richtiger Gartechnik niedrig gehalten werden. Der Kontakt mit Wasser und Sauerstoff, lange Garzeiten, falsche Gartemperatur und der Kontakt mit Licht – das alles kann die Verluste in die Höhe treiben.

Das schonende Garen ohne Zusatz von Wasser und Salz, also im eigenen Saft, ist dem Kochen in viel Salzwasser unbedingt vorzuziehen. Bei unsachgemäßer Kochmethode (im Salzwasser) liegt bei verschiedenen Gemüsearten einschließlich Kartoffeln der durchschnittliche Vitamin C-Verlust bei 40% und der Vitamin B-Verlust bei 38%. Beim Dünsten von Gemüse ohne Wasserzugabe (in der Eigenfeuchtigkeit) beträgt der durchschnittliche Verlust an Vitamin C nur 15% und an Vitamin B1 17%.

## Garverfahren im Vergleich
## Vitamin B1 (Thiamin)-Verlust bei Gemüse und Kartoffeln

| Gargut | Dampfgaren/Dünsten | Kochen im Salzwasser | Anzahl Versuche |
|---|---|---|---|
| Kartoffeln | 14% | 23% | 22 |
| Sellerie | 14% | 14% | 15 |
| Spinat | 18% | 59% | 12 |
| Wirsing/Wirz | 27% | 66% | 10 |
| Rosenkohl | 13% | 30% | 19 |
| Blumenkohl | 19% | 46% | 15 |
| Zucchini | 11% | 26% | 12 |

Quelle: Somogyi, Kopp; Ernährungs-Umschau 25 (1978), 6, 175–178

## Garverfahren im Vergleich
## Vitamin C (Ascorbinsäure)-Verlust bei Gemüse und Kartoffeln

| Gargut | Dampfgaren/Dünsten | Kochen im Salzwasser |
|---|---|---|
| Spinat | 18% | 66% |
| Blumenkohl | 7% | 35% |
| Rosenkohl | 15% | 34% |
| Sellerie | 25% | 51% |
| Kartoffeln | 7% | 16% |

Quelle: Somogyi

## Getreide garen
## (ganze Körner, Schrot, Grieß)

Einweichen: Bei Körnern mit sehr langer Kochzeit (Dinkel, Gerste, Roggen, Weizen) empfiehlt sich das Einweichen für einige Stunden oder über Nacht in Wasser (Einweichwasser = Kochwasser). Das Einweichen reduziert die Kochzeit erheblich.

Flüssigkeitsmenge: Das Getreide immer in der richtigen Flüssigkeitsmenge kochen (siehe Rezepte). So wird verhindert, daß nach Ablauf des Garprozesses kostbare Flüssigkeit weggegossen werden muß.

Art der Flüssigkeit: Die ganzen Körner (Grünkern, Hafer, Reis, Wildreis, Dinkel, Gerste, Roggen, Weizen) werden ausschließlich in Wasser gekocht, da das Salz das Eindringen des Wassers ins Korn behindern und die Garzeit verlängern würde. Gewürzt wird erst nach der eigentlichen Kochzeit, vorzugsweise vor dem Nachquellen. – Schrot und Grieß, gleich welcher Art, Buchweizen und Hirse werden bei pikanter Zubereitung in einer schwachen Gemüsebrühe gekocht. Das Getreide bleibt dadurch «körniger».

Garzeit: Garzeiten in den Rezepten beachten.
■ Getreide samt Flüssigkeit aufkochen
■ Auf kleiner Stufe zugedeckt gemäß Rezept garen

Nachquellen: Getreide auf der ausgeschalteten Wärmequelle zugedeckt «nachquellen» lassen (Nachquellzeit gemäß Rezept). Durch das Nachquellen wird das Getreide bekömmlicher und leichter verdaulich.

## Hülsenfrüchte garen
## (Bohnen, Erbsen, Linsen)

Einweichen: Bei Hülsenfrüchten mit sehr langer Kochdauer (Kichererbsen, ungeschälte Erbsen, gelbe Sojabohnen, Bohnen, Mungobohnen) empfiehlt sich das Einweichen für einige Stunden oder über Nacht in Wasser (Einweichwasser = Kochwasser). Das Einweichen reduziert die Kochzeit erheblich. Linsen und geschälte Erbsen müssen nicht eingweicht werden.

Flüssigkeitsmenge: Hülsenfrüchte immer in der richtigen Wassermenge kochen (siehe Rezept)

Art der Flüssigkeit: Hülsenfrüchte ausschließlich in Wasser kochen. Gewürzt wird erst nach der eigentlichen Kochzeit, vorzugsweise vor dem Nachquellen. Der besseren Verdaulichkeit wegen vor allem mit Kräutern würzen.

Garzeit: Garzeiten in den Rezepten beachten.
■ Hülsenfrüchte samt Wasser aufkochen
■ Auf kleiner Stufe zugedeckt gemäß Rezept garen

Nachquellen: Hülsenfrüchte auf der ausgeschalteten Herdplatte zugedeckt nachquellen lassen (Nachquellzeit gemäß Rezept).

## Fleisch/Geflügel/Wild

Beim Fleisch darauf achten, daß es von guter Qualität ist. Tiefgekühltes Fleisch im Kühlschrank auftauen. Fleisch vor dem Verarbeiten Zimmertemperatur annehmen lassen. Mit Küchenpapier trockentupfen. Erst nach dem Braten würzen. Eine mittlere Brattemperatur ist für ein gutes Ergebnis wichtig.

## Fisch/Meeresfrüchte

Tiefkühlprodukte im Kühlschrank auftauen lassen. Fisch/Meeresfrüchte vor dem Verarbeiten Zimmertemperatur annehmen lassen. Mit Küchenpapier trockentupfen. Zarten Fisch nicht braten, sondern über Dampf garen.

## Die AMC-Garmethode

Bei Verwendung einer geeigneten Gareinheit (Topf) reicht für das Garen respektive Braten die Eigenfeuchtigkeit und das Eigenfett der Speisen völlig aus.
Es ist wichtig, daß Topf- und Deckelrand paßgenau aufeinanderliegen, damit kein Wasserdampf entweichen kann.

**1** Die Kondensrille fängt den kondensierenden Wasserdampf auf und bildet zwischen Gefäß und Servierdeckel einen Film, auf dem dieser das Gefäß dicht abschließt.

**2** Der Akkutherm-Kapselboden nimmt selbst kleinste Hitzeenergie auf, verteilt sie über die gesamte Bodenfläche und speichert sie dann wie ein Akku, um sie gleichmäßig dosiert an die Speisen weiterzugeben.

**3** Der paßgenaue Servierdeckel garantiert durch Konstruktion und Gewicht den einwandfreien Verschluß der Gareinheit.

**4** Die Kühlwandzone aus reinem Edelstahl nimmt wesentlich weniger Hitze auf als der Boden. Durch den Temperaturunterschied zwischen Akkutherm-Kapselboden und Kühlwand bleibt die Temperatur der Flüssigkeit in der Gareinheit unter dem Siedepunkt.

## Dampfkreislauf

Der aufsteigende Wasserdampf bleibt am Dekkel haften, kühlt sich ab und fällt auf das Gargut zurück. Bei gleichmäßiger Hitzezufuhr wiederholt sich dieser Prozeß laufend.

Wasserdampf steigt hoch.

Der Wasserdampf kühlt sich ab.

Der Wasserdampf tropft vom Servierdeckel wieder zurück und wird erneut erhitzt.

## Verhältnis Topfgröße/Topfinhalt

Wichtig ist, daß das Gargut – dies ist vor allem beim Gemüse und den Kartoffeln wichtig – im richtigen Verhältnis zum Garraum, also der Gareinheit, steht. Die Lebensmittel sollten die Gareinheit zu etwa zwei Dritteln, mindestens jedoch zur Hälfte füllen. Bei welkem Gemüse, Lagerkartoffeln und Lagergemüse nach monatelanger Lagerung braucht es zum Garen eine kleine Wasserzugabe.

Ideal ist, wenn die Töpfe mit einem Thermometer, einem sogenannten «Visiotherm», im Deckelkopf ausgerüstet sind. Er garantiert eine optimale Temperaturkontrolle während des ganzen Garprozesses. Das Garen ohne Zusatz von Wasser und Fett wird damit noch einfacher.

## Garen (dünsten) mit dem Visiotherm

Diese Garmethode eignet sich für alle frischen oder tiefgekühlten Gemüsearten, Kartoffeln und teils auch für Fisch:
■ Gargut tropfnaß in den kalten Topf geben
■ Pfannendeckel auflegen
■ Pfanne auf das Kochfeld stellen
■ auf mittlerer Energiestufe aufheizen
■ der Zeiger beginnt zu wandern
■ hat der Zeiger die Mitte des ersten roten Feldes erreicht (1), auf kleinere oder kleinste Energiestufe zurückschalten und fertiggaren

■ Fertiggaren: Der Zeiger wird bis in den idealen Garbereich (2) weiterwandern. Dort muß er während der ganzen Garzeit bleiben.

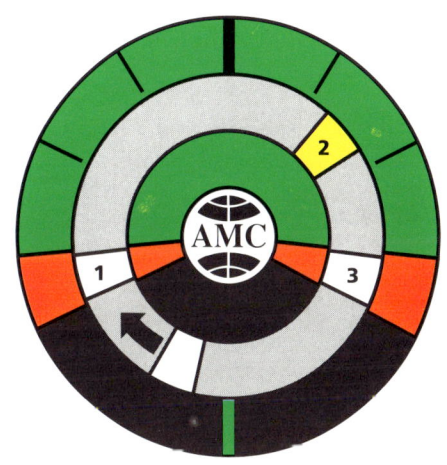

■ Beobachten: Fällt der Zeiger in die erste Hälfte des grünen Feldes zurück, ist die Energiezufuhr zu erhöhen. Wandert der Zeiger in das zweite rote Feld (3), ist die Energiezufuhr zu drosseln. Hat der Zeiger nach ca. 15 Minuten den idealen Garbereich noch nicht erreicht, höher schalten. Hat der Zeiger in weniger als 3 Minuten bereits den Umschaltpunkt erreicht, war die gewählte Einstellung zu hoch, also niedriger schalten.

## Braten

Diese Zubereitungsart ist für Fleisch, Geflügel, Wild und teils auch für Fisch geeignet:
■ trockene, leere Gareinheit mit Deckel bei mittlerer Energiestufe aufheizen

■ hat der Zeiger die Mitte des ersten roten Feldes erreicht (1), Servierdeckel abnehmen. Das gut getrocknete Bratgut ungewürzt in die Pfanne legen. Von allen Seiten bräunen. Für kurzgebratenes Fleisch (A-la-minute-Fleisch) gelten die üblichen Bratzeiten. Bei allen andern Fleischgerichten nach Rezept weiterfahren.

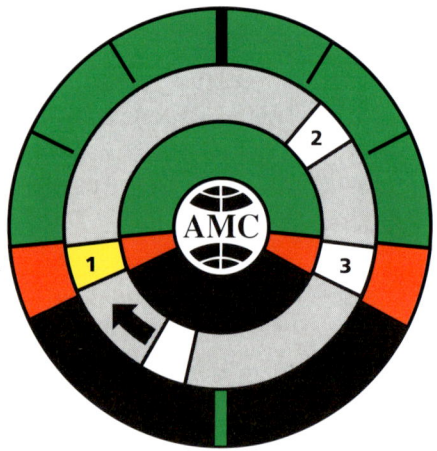

■ Fertiggaren und Temperatur beobachten: Siehe zweitletzten und letzten Punkt unter «Garen».

## Kochen mit herkömmlichen Kochtöpfen

### Schonend garen
Es geht nichts über das richtige Kochgeschirr. Wer noch nicht glückliche(r) Besitzer(in) solcher Kocheinheiten ist, der kann – mit gewißen Einschränkungen und Einbussen – sich so behelfen:

Pfanne mit Siebeinsatz:
■ passenden Siebeinsatz in die Pfanne legen
■ soviel Wasser einfüllen, daß es knapp unter den Siebeinsatz reicht
■ Gemüse/Kartoffeln ohne Gewürze in die Pfanne geben
■ Deckel aufsetzen
■ das Wasser auf höchster Stufe aufkochen
■ Wärmequelle auf mittlere oder noch kleinere Stufe zurückschalten
■ Kochgut garen
■ Deckel sowenig wie möglich abheben, damit nicht unnötig Dampf entweicht
(Illustration 1, Seite 29)

Auch zarter Fisch kann auf die gleiche Weise gegart werden:
■ Siebeinsatz mit Folie belegen
■ Fisch leicht würzen und auf die Folie legen.
■ die Garzeit richtet sich nach Dicke des Gargutes und variiert zwischen 5 bis 10 Minuten.

Pfanne mit Siebaufsatz (Kombi-Garen):
■ Im unteren Pfannenteil Getreide (Reis, Dinkel usw.), Hülsenfrüchte (Bohnenkerne, Linsen usw.) garen, auf dem Siebaufsatz das Gemüse (ohne Gewürze) oder den Fisch (ohne Folie). Wichtig: Die unterschiedlichen Garzeiten sind zu berücksichtigen. Regel: In den Topf das Gargut mit der längeren Garzeit, in das Sieb das Gargut mit der kürzeren Garzeit.
(Illustration 2, Seite 29)

Garen von Fisch ohne Siebeinsatz/-aufsatz:
■ Reichlich feingehacktes Gemüse oder Zwiebeln im Weißwein weichdünsten. Flüssigkeit fast vollständig verdunsten lassen. Fisch auf das Gemüse/die Zwiebeln legen und garen.

### Braten ohne Fett
Da bei herkömmlichen Bratpfannen die Temperatur nicht überwacht werden kann, muß das Bratgut ständig im Auge behalten werden:
■ Pfanne ohne Inhalt aufheizen
■ Temperaturtest 1: Fleischstückchen in die heiße Gareinheit geben. Die Fleischporen sollen sich rasch schließen und das Bratgut Farbe annehmen.

■ Temperaturtest 2: Wassertropfen in die heiße Gareinheit geben. Sie hat die richtige Temperatur, wenn der Wassertropfen zischt.
■ Gut getrocknetes Bratgut ungewürzt in die Pfanne legen. Von allen Seiten bräunen. Für kurzgebratenes Fleisch (A-la-minute-Fleisch) gelten die üblichen Bratzeiten. Bei allen andern Gerichten nach Rezept weiterfahren. (Illustration 3)

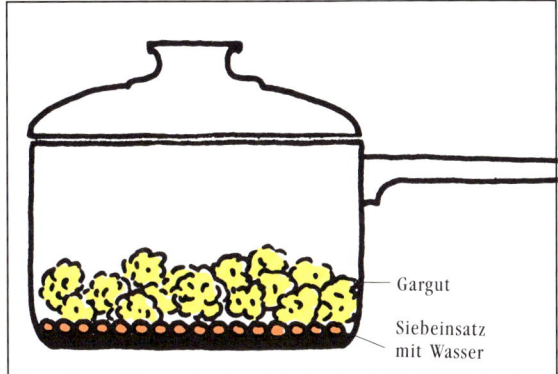

Illustration 1

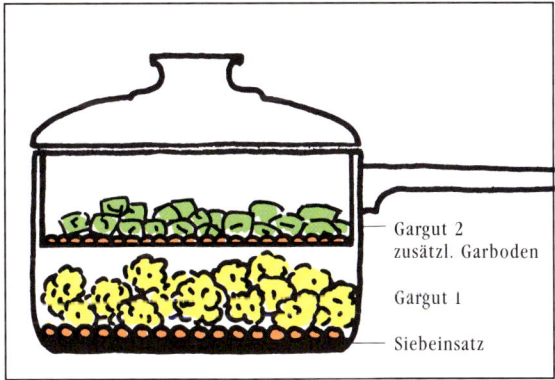

Illustration 2

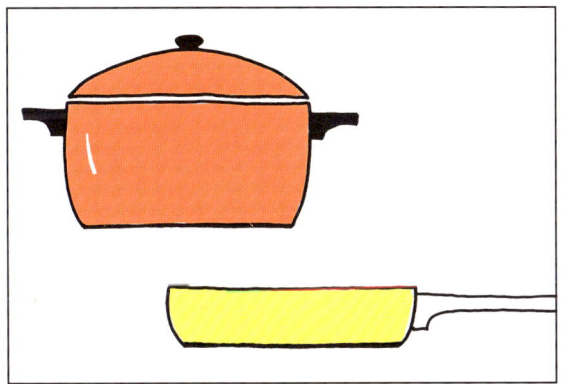

Illustration 3

## Küchen-ABC

### Aceto Balsamico
Italienischer Essig hergestellt aus Rotwein und unvergorenem Traubensaft. Der Essig wird für 2 bis 4 Jahre in Eichenfässern gelagert, Mildes, leicht süßliches Aroma. Ideal für Blattsalat.

### Al dente, Teigwaren
Teigwaren mit Biß.

### Anschwitzen
Zwiebeln und Knoblauch bei mäßiger Hitze glasig werden lassen. Das Gemüse darf nicht braun werden.

### Blanchieren, Gemüse
Das Gemüse wird durch kurzes Überwallen mit kochendem Wasser und anschließendem Abschrecken unter kaltem Wasser für die weitere Verarbeitung geschmeidiger gemacht (Hüllblätter). Das Blanchieren ist auch eine Vorstufe für das Tiefgefrieren von Gemüse.

### Bratbutter/Butterschmalz
Durch starkes Erhitzen werden der Butter Wasser und Milchbestandteile entzogen. Das reine Milchfett wird als Bratbutter, geklärte Butter, Gourmetbutter, Butterschmalz verkauft. Die Bratbutter kann ohne Aromaverlust (im Gegensatz zu normaler Butter) hoch erhitzt werden. Ideal für Rösti.

### Brunoise
Kleinste Gemüsewürfelchen. Gemüse in 5 cm lange Stücke schneiden und diese längs in zündholzdicke Stäbchen. Aus den Stäbchen Würfelchen schneiden.

### Butter
Aus Kuhmilch oder Sahne/Rahm hergestellt. Bioläden und Reformhäuser bieten auch Butter aus unpasteurisierter biologischer Milch an. Schonend gegartes Gemüse erfährt durch ein paar Butterflocken, zusammen mit Kräutern, eine ideale Abrundung. Das in der Butter enthaltene Fett (82%) hilft bei der Verwertung der fettlöslichen Vitamine A, D, E und K.

**Chicorée**
Brüsseler Endivie.

**Crème double/Doppelrahm**
Extradicke(r) Sahne/Rahm. Fettgehalt 45%
und mehr. Zum Verfeinern und Binden von
Saucen, Suppen, Süßspeisen.

**Crème fraîche**
Sauermilchprodukt. Fettgehalt 30–40%. Kann
durch sauren Halbrahm oder saure Sahne/Sauerrahm ersetzt werden.

**Demi-glace**
Eingedickte braune Bratensauce (im Handel
häufig auch als Pulver erhältlich). Konzentrierte Fischbrühe/-fond.

**Einreduzieren, Brühe/Fond**
Flüssigkeit durch Kochen im offenen Kochtopf
(ohne Deckel) auf die gewünschte Menge einkochen.

**Entfetten, Brühe/Sauce**
1. Möglichkeit: Brühe vollständig auskühlen
lassen. Das Fett erstarrt an der Oberfläche und
kann problemlos entfernt werden. 2. Möglichkeit: Warme Brühe mit Küchenkrepp abtupfen.

**Filetieren, Zitrusfrüchte**
Frucht oben und unten kappen (Deckel abschneiden). Schale dem Fruchtfleisch entlang
wegschneiden. Mit dem Messer an den beiden
dünnen Fruchthäutchen der Schnitze entlangschneiden. Filets herauslösen.

**Fischbrühe/-fond**
Fischspezialgeschäfte und Supermärkte mit
Fischabteilung haben dieses Produkt vielfach
in ihrem Sortiment.

**Fleisch/Geflügel/Wild, braten**
Das Bratgut soll Zimmertemperatur haben,
also nicht direkt vom Kühlschrank in den Brattopf kommen. Bratgut trockentupfen. Erst
nach dem Braten salzen.

**Fleisch/Geflügel/Wild, Langzeit braten
im Ofen**
Bratgut im Brattopf auf der Herdplatte von
allen Seiten kräftig anbraten. Brattopf samt
Inhalt auf der mittleren Schiene in den vorgeheizten Ofen schieben. Weitere Zubereitungsschritte gemäß Rezept. Wichtig: Das Bratgut
vor dem Tranchieren im ausgeschalteten, geöffneten Ofen 10 bis 15 Minuten ruhen lassen.
Dies verhindert ein übermäßiges Austreten
von Fleischsaft.

**Frischquark**
Biologischer Vollmilchquark, hergestellt aus
unpasteurisierter Vollmilch. Er unterscheidet
sich vom handelsüblichen Quark (Sahne-/
Rahmquark, Magerquark, Speisequark) in
Konsistenz (fester), Geschmack (mehr
Aroma) und Fettgehalt.

**Friséesalat**
Salat mit knackigen, löwenzahnähnlichen
Blättern. Schmeckt zarter als der echte Löwenzahn.

**Gemüseperlen**
Von rohem Gemüse (Möhren/Karotten, Knollensellerie, Zucchini, Rote-Bete/Rande, Rettich usw.) mit einem Kugelausstecher «Perlen»
ausstechen.

**Gemüsestreifen**
Mit dem Sparschäler/Kartoffelschäler hauchdünne Streifen abziehen. Streifen je nach Rezept noch zwei- bis dreimal in Längsrichtung
teilen.

**Getreide, garen**
Seite 25.

**Getreide, Schrot**
Grob zerkleinertes, naturbelassenes Korn.
Sorten: Buchweizen, Dinkel, Gerste, Grünkern, Hirse, Roggen, Triticale, Weizen.

**Getreidesorten**
Dinkel, Gerste, Grünkern, Hafer, Hirse, Reis,
Roggen, Triticale, Weizen.

**Getreidesorten, Scheingetreide**
Amaranth, Buchweizen, Mais, Quinoa, Wilder
Reis.

1 Maiskörner
2 Rundkorn-Reis (weicher Stärkekern,
   geeignet für Gerichte wie Milchreis usw.)
3 Langkorn-Reis (für körnige Reisgerichte)
4 Buchweizen (Scheingetreide)
5 Hirse (Goldhirse)
6 Gerstengraupen
7 Hafer
8 Gerste
9 Roggen
10 Dinkel (Vorfahre des Weizens, beliebtes Getreide im
   biologischen Anbau)
11 Weizen
12 Grünkern (in der Milchreife geernteter Dinkel,
   der getrocknet/gedarrt wird)

## Getreide, ganzes Korn

Das ganze Korn ist ein lebendiges Nahrungsmittel. Es enhält im Gegensatz zu Weißmehl,
Ruchmehl usw. alle Randschichten und den
Keimling. Nur das ganze Korn enthält alle
Nährstoffe und den gesamten Anteil an Ballaststoffen. Kein anderes Lebensmittel liefert
mehr Ballaststoffe als das ganze Getreide.

## Gnocchi (italiensch)

Kleine Klößchen auf Basis von Kartoffeln,
Weizengrieß oder Weizengrieß/Mehl.

## Hülsenfrüchte, garen

Seite 25.

## Julienne

Feinste Gemüsestreifen. Gemüse in rund 5 cm
lange Stücke schneiden und diese längs in
zündholzdicke Stäbchen.

## Kalbsbrühe/-fond

Beim Metzger nachfragen, ob er in seinem Sortiment eine selbstgemachte(n) Brühe/Fond
führt (Rezept Seite 98).

## Keimlinge und Sprossen

Gut verdaulich. Reich an Inhaltsstoffen und
hochwertigem pflanzlichem Eiweiß. Zum Kei-
men eignen sich die Getreidesorten Weizen,
Roggen, Nackthafer, Nacktgerste, Buchweizen,
von den Hülsenfrüchten Linsen, Kichererbsen,
Mungobohnen (Sojabohnen), von den Samen
Alfalfa (Lucerne), Senf, Kresse, Sesam, Lein-
samen, Rettich. Wichtig: kein Saatgut verwenden, da dieses mit Fungiziden behandelt ist.

## Keimlinge und Sprossen, ziehen

1. Tag: Keimgut unter fließendem Wasser
gründlich spülen. Für einige Stunden, Körner
und Hülsenfrüchte über Nacht, in reichlich
Wasser einlegen. Wasser abgießen. Keimgut in
ein flaches, möglichst großes Gefäß legen (das
Keimgut soll nebeneinadner, nicht übereinan-
der liegen). Schale mit einem feuchten Tüchlein (Baumwolle oder Leinen) decken. Bei
Zimmertemperatur treiben/keimen lassen.
2. Tag: Keimgut, das größtenteils schon kleine
Triebe/Keime hat, in einem Sieb mit kaltem
Wasser abspülen. In das Geschirr zurückgeben, wieder flach auslegen und mit dem feuchten Tüchlein decken. 3. Tag: Die nun schon
recht großen Sprossen/Keimlinge mit kaltem
Wasser besprühen. Das feuchte Tüchlein so
über das Gefäß legen, daß es die Sprossen/
Keimlinge nicht berührt. Am Abend des 3. Ta-
ges ist ein großer Teil der Sprossen groß genug
(1,5 bis 3 cm) und kann verzehrt werden.
4. Tag (bei Bedarf): siehe 3. Tag.
Wichtig: Sprossen und Keimlinge immer frisch

verzehren. Keimlinge aus Hülsenfrüchten (Linsen, Kichererbsen, Mungobohnen) unbedingt vor dem Verzehr kurz blanchieren (2 bis 3 Minuten). Die Hülsenfrüchte enthalten ungünstige, teilweise giftige Inhaltsstoffe, die durch das Blanchieren eliminiert werden.

## Kokosmilch (Herstellung)

50 g Kokosnußraspeln 10 Minuten in ½ Liter Wasser köcheln lassen. Abseihen. Ergibt rund 200 ml/2 dl Kokosmilch.

## Kräuter

Kräuter (und Gewürze) sind die gesunde Alternative zu Kochsalz. Selbst wenn man keinen eigenen Garten hat, muß man nicht auf «taufrische» Kräuter aus dem eigenen Kräutergärtchen verzichten. Die meisten Kräuter sind anspruchslos und gedeihen in Balkonkistchen prächtig (gekaufte Pflänzchen einsetzen).

Bärlauch (wildwachsend): für Suppen, Salate, Teigwarenfüllungen, Saucen.

Basilikum: für Tomatengerichte, Saucen (al Pesto), Geflügel, Fleisch, Fisch, Gemüse, Pizzen, Teigwaren.

Bohnenkraut: für alle Bohnengerichte, Eintöpfe.

Borretsch: für Salate, Gurkengerichte, Kräuterbutter, Saucen.

Brennessel (wildwachsend; gedeiht auch im Hausgarten): für Suppen, Salate, Saucen, Gemüse, Füllungen, Teigwaren (wie Spinat verwenden)

Estragon: für Geflügel, Kalbfleisch, Fisch, Lamm, Kräutersaucen.

Kerbel: für Saucen, Suppen, Salate, Eierspeisen, Fisch, Geflügel.

Kresse: für Salate, Saucen, Suppen.

Majoran: für Hackfleischgerichte, Schweinefleisch, Hülsenfrüchte, Kartoffelgerichte.

Oregano: für Pizzen, Schmortomaten, Auberginen, Zucchini.

Petersilie: für Saucen, Suppen, Getreidegerichte, Salate, Gemüse, Fleisch usw.

Rosmarin: für würzige Rindfleisch-, Wild- und Lammgerichte.

Salbei: für Geflügel, Kalbfleisch und Schweinefleisch, Teigwaren, Mais.

Sauerampfer (wildwachsend; gedeiht auch im Hausgarten): für Suppen, Salate und Saucen.

Schnittlauch: für Saucen, Suppen, Getreidegerichte, Salate, Gemüse usw.

Thymian: für Suppen, Eintöpfe, Schmorgerichte.

Zitronenmelisse: für Blattsalate, Kräutersaucen, Süßspeisen, Fischsaucen.

## Kräuter, getrocknet

Getrocknete Kräuter entfalten ihren Geschmack erst durch längeres Garen. Sie sind meist weniger intensiv als frische Kräuter.

## Krokant

Klebrige Masse aus zerkleinerten Mandeln/ Nüssen und Zucker.

## Légumette

Handliche, handbetriebene Haushaltmaschine für die Herstellung von Endlos-Spaghetti und Spiralen. Adresse beim Verlag erfragen.

## Limone

Grünschalige Tropenfrucht, halb so groß wie die Zitrone. Mehr Säure, feineres Aroma als die Zitrone.

## Lollo rosso

Roter krauser Kopfsalat

## Marinieren

Einlegen von Lebensmitteln in gewürzte Flüssigkeiten, mit dem Ziel, deren Geschmack anzunehmen. Das Fleisch wird durch das Marinieren zarter.

## Meersalz

Empfehlenswerter Ersatz für das Kochsalz. Meersalz wird, wie der Name sagt, aus dem Meer gewonnen. Das Salz ist reich an Mineralien und Spurenelementen. Im Handel gibt es auch mit Kräutern angereichertes Meersalz.

## Mehlbutter

Zum Binden von dünnflüssigen Saucen. Die Mehlbutter hat gegenüber der Mehlschwitze den Vorteil, daß sie mit einer kurzen Kochzeit von 2 bis 3 Minuten auskommt und in der Speise dennoch keinen mehligen Geschmack hinterläßt. Mehlbutter wird aus Mehl und zimmerwarmer Butter zu gleichen Teilen hergestellt. Butter und Mehl zu einem Teigklümpchen zusammenfügen.

## Gewürze

Gewürze sorgen in erster Linie für den Wohlgeschmack der Speisen. Sie helfen bei der Verdauung und beim Einsparen von Kochsalz.

| | | | |
|---|---|---|---|
| 1 | Leinsamen | 12 | Fenchelsamen |
| 2 | Curry | 13 | Rosa Pfeffer |
| 3 | Schwarzer Pfeffer | 14 | Kümmel |
| 4 | Grüner Pfeffer | 15 | Rosenpaprika |
| 5 | Cayennepfeffer | 16 | Paprika edelsüß |
| 6 | Dillsaat | 17 | Ingwerwurzel |
| 7 | Nelken | 18 | Stangenzimt o. Zimtpulver |
| 8 | Weißer Pfeffer | 19 | Wacholder |
| 9 | Muskatnuß | 20 | Koriander |
| 10 | Senfkörner | 21 | Stern-Anis und Anis |
| 11 | Piment | 22 | Lorbeerblatt |

Ein paar Tips, damit der Geschmack der Gewürze erhalten bleibt: In dunklen, gutschließenden Gefäßen aufbewaren. Nicht länger als 12 Monate lagern. Pfeffer, Koriander, Muskatnuß frisch mahlen.

### Öl, kaltgepreßt und schonend warmgepreßt

Für Salate und Rohkost empfiehlt sich die Verwendung von kaltgepreßtem (Sonnenblumen- und Olivenöl) oder schonend warmgepreßtem Öl (Saflöröl/Färberdistel, Weizenkeimöl, Kürbiskernöl, Leinsamenöl, Maiskeimöl). Beide Verfahren kommen ohne chemische Behandlung aus. Je schonender ein Öl hergestellt ist, desto höher ist der Gehalt an fettlöslichen Vitaminen und essentiellen Fettsäuren, desto höher der Preis. Beim Kauf Deklaration beach-

ten. Bei Sorten ohne besondere Bezeichnung handelt es sich um extrahiertes Öl. Bei dessen Produktion werden Lösungsmittel wie Benzin-Kohlenwasserstoff eingesetzt.

### Omeletten, backen
Siehe Pfannkuchen

### Passieren
Kochgut durch Abseihen von festen Stoffen trennen. Normalerweise verwendet man dafür ein Sieb (Spitzsieb, Haarsieb). Bei Brühen (Fisch, Kalb usw.) wird häufig auch ein Baumwolltuch verwendet.

### Pfannkuchen, backen
Topf mit wenig Öl auspinseln.

### Radicchio
Rote Zichorie

### Rösti
Für eine gute Rösti mit knuspriger Kruste braucht es wenig Bratbutter.

### Sabayon
Schaumsauce auf der Basis von Eiern. Weitere Zutaten sind je nach Rezept Alkohol (Wein, Champagner usw.), Fruchtsaft, Zucker und Gewürze. Die Sauce/Creme wird im heißen Wasserbad (Schüssel mit Inhalt über kochendem Wasser auf der Herdplatte) schaumig gerührt und alsdann im Eiswasser (Wasser im Eis) solange weitergerührt, bis sie ausgekühlt ist.

### Sojasauce
Im Handel gibt es helle salzige und dunkle süßliche Saucen. Wird aus fermentierten Sojabohnen, Weizen oder Gerste, Salz und oft auch mit Zusatz von Hefe hergestellt. Ältestes Würzmittel in der chinesischen Küche.

### Teigwaren
Wer von herkömmlichen Teigwaren auf Vollkornteigwaren umstellt, sollte auf Bio-Qualität achten. Gute Vollkornteigwaren haben Biß (al dente) und verkleben nicht. Teigwaren auf Dinkel-, Weizen- oder Sojabasis sind relativ geschmacksneutral und allgemein beliebt. Guten Anklang finden die mit Gemüsesaft eingefärbten Teigwaren (Brennesseln, Spinat, Tomaten).

### Tomaten, häuten
Tomaten in kochendes Wasser tauchen (Siebkelle verwenden). Haut abziehen.

### Würzen
Mit Salz sparsam umgehen. Frischen oder getrockneten Kräutern und Gewürzen (Pfeffer, Muskatnuß, Koriander usw.) den Vorzug geben.

### Zesten (Zitrusfrüchte)
Unbehandelte Früchte verwenden. Mit einem Zestenreißer oder mit einem Messer die Schale dünn abziehen. Je nach Breite Zesten zusätzlich längs in sehr dünne Streifchen schneiden.

### Zitronengras
Erhältlich in asiatischen Läden und Supermärkten mit fernöstlichem Lebensmittelangebot.

# Salate und Vorspeisen

Friséesalat an Currysauce, Rezept Seite 41

## Garnelen und Jakobsmuscheln

*250 g mittelgroße Garnelen, aus der*
*Schale gelöst*
*250 g Jakobsmuscheln, ausgelöst*

*Marinade*
*2 EL Sojasauce*
*2 Limonen, Saft*
*2 EL Weißwein*
*1 Knoblauchzehe, gepreßt*
*2 Msp Ingwerpulver oder*
*1 cm frischer Ingwer, gerieben*
*Salz*
*weißer Pfeffer aus der Mühle*

ca. 110 kcal pro Portion
**1.** Garnelen und Jakobsmuscheln unter fließendem Wasser reinigen. Mit Küchenpapier
trocknen.
**2.** Die Zutaten für die Marinade verrühren.
**3.** Meeresfrüchte mit der Marinade einpinseln.
**4.** An einem kühlen Ort 30 bis 60 Minuten ziehen lassen.
**5.** Marinade abtupfen. Garnelen und Jakobsmuscheln ca. 5 Minuten braten.

**Tip:** Zu den Meeresfrüchten einen süß-sauren
Dip servieren.

Abbildung oben

## Weißkohlsalat mit Sardellenfilets

*1 kleiner Weißkohl/Weißkabis*
*8 Sardellenfilets, fein gehackt*
*4 Cherrytomaten als Garnitur*
*8 schwarze Oliven, entsteint, als Garnitur*

*Sauce*
*1 Knoblauchzehe, gepreßt*
*1 EL Weißweinessig*
*evtl. Salz*
*Pfeffer aus der Mühle*
*3 EL Olivenöl*

ca. 140 kcal pro Portion
**1.** Saucenzutaten verrühren. Sparsam mit Salz
würzen (die Sardellen enthalten viel Salz).
**2.** Weißkohl halbieren. Hälften in feinste
Streifen schneiden.
**3.** Kohl und Sardellen mit der Sauce mischen.
Mit den halbierten Cherrytomaten und den
Oliven garnieren.

**Tip:** Wer rohen Kohl nicht mag, kann ihn
knackig dünsten. Er ist in dieser Form leichter
verdaulich.

## Linsensalat mit Orangen

*150 g grüne Linsen*
*400 ml/4 dl Wasser*
*2 Sternanis*
*1½ Zimtstange*
*1 Handvoll Linsenkeimlinge*
*2 Orangen*
*1 Tomate, gehäutet, entkernt, klein*
*gewürfelt*

*Sauce*
*1 Orange, Saft und Zesten\*\**
*2 EL Essig*
*1 TL Zucker*
*3 EL Öl*

ca. 210 kcal pro Portion
**1.** Keimlinge ziehen: Küchen-ABC Seite 31.
**2.** Grüne Linsen, Sternanis und Zimtstangen

aufkochen. 20 bis 30 Minuten garen. 20 Minuten nachquellen lassen. Gewürze entfernen.

**3.** Orangen kappen (oben und unten einen Deckel abschneiden). Die Schale samt weißen Teilen von oben nach unten wegschneiden. Mit dem Messer an den beiden dünnen Trennhäutchen der Fruchtschnitze entlangschneiden. Filets herauslösen.

**4.** Orangensaft, Essig, Öl und Zucker verrühren. Würzen. Mit den Linsen mischen. Orangenzesten dazugeben. Nach Belieben nachwürzen.

**5.** Linsen, Orangenfilets, Linsenkeimlinge und Tomatenwürfelchen auf Teller anrichten. Nach Belieben mit einigen Salatblättern garnieren.

**\*\*Orangenzesten:** Mit Zestenreißer oder Sparschäler Schale abziehen und diese mit einem Messer längs in dünne Streifen schneiden.

## Melonen mit Rohschinken

*1 Honig- oder Cavaillonmelone*
*12–16 Scheiben luftgetrockneter Schinken/*
*Rohschinken*
*Pfeffer aus der Mühle*
*Minze als Garnitur*

ca. 210 kcal pro Portion

**1.** Melone je nach Größe in 4, 8 oder mehr Schnitze schneiden. Kerne entfernen. Schinkenscheiben und Minze mit Zahnstochern locker auf die Melonen stecken. Mit Pfeffer aus der Mühle würzen.

**Tip:** Mit einem Kugelausstecher von einer Melone gleicher und anderer Farbe Perlen ausstechen. Mit Zahnstochern auf die Melonenschnitze stecken.

Abbildung unten

## Keimlingsalat

*4 Handvoll Keimlinge aus Kichererbsen\**
*1 Salatgurke, geschält, in Stäbchen*
*geschnitten*
*4 Tomaten, in dünne Scheiben geschnitten*
*1 kleiner Stauden-/Stangensellerie,*
*klein geschnitten*

*Sauce*
*3 EL Essig*
*4 EL Öl*
*2 EL gehackte Kräuter*
*(Majoran, Salbei, Basilikum)*
*Salz*
*Pfeffer aus der Mühle*
*2 EL Sesamsamen*

ca. 180 kcal pro Portion
**1.** \*Keimlinge ziehen: siehe Küchen-ABC Seite 31.
**2.** Keimlinge in der doppelten Menge Wasser einige Minuten blanchieren. Mit kaltem Wasser abschrecken.
**3.** Saucenzutaten verrühren. Abschmecken.
**4.** Keimlinge, Gurken und Staudensellerie mit der Sauce mischen. Tomaten und Mischsalat gefällig auf Teller anrichten. Tomatenscheiben wenig würzen. Mit Sesam bestreuen.

## Toast mit Frischkost

*4 Scheiben Vollkornbrot*
*wenig weiche Butter*
*schwarzer Pfeffer aus der Mühle*
*wenig Feld-/Nüßlisalat*
*1 roter Apfel, in Scheiben*
*1 Möhre/Karotte, geraspelt*
*1 Zitrone, Saft*

ca. 75 kcal pro Toast
**1.** Vollkornbrot toasten. Toast mit der weichen Butter bestreichen. Mit wenig Pfeffer würzen.
**2.** Feldsalat auf die Toastscheiben verteilen.
**3.** Apfelschnitze und geraspelte Möhren mit dem Zitronensaft mischen. Gefällig auf dem Feldsalat anrichten. Nach Belieben würzen.

## Crevettencocktail

*200 g Crevetten, ausgelöst*
*2 Frühlingszwiebeln, gehackt*
*100 g Crème fraîche*
*2 EL Ketchup*
*1 EL Cognac*
*1 EL Zitronensaft*
*Salz*
*weißer Pfeffer aus der Mühle*
*wenig Tabascosauce*
*einige Blatt Lollo rosso, als Garnitur*
*4 Dillzweiglein, als Garnitur*

150 kcal pro Portion
**1.** Crème fraîche und Ketchup gut verrühren. Mit Cognac, Zitronensaft, Salz, Pfeffer und Tabascosauce pikant abschmecken.
**2.** Crevetten und Frühlingszwiebeln mit der Sauce mischen. Für kurze Zeit marinieren.
**3.** Weite Gläser oder Glasteller dekorativ mit dem Lollo rosso belegen. Crevetten anrichten. Mit dem Dill garnieren.

## Artischockensalat

*4 Artischocken*
*2 mittelgroße Äpfel*
*1 Zitrone, Saft*
*½ Eisbergsalat, in Streifen*
*6 Wal-/Baumnüsse, gehackt*
*(nach Belieben 2 bis 3 für die Garnitur)*

*Sauce*
*weißer Pfeffer aus der Mühle*
*2 Msp Nelkenpulver*
*1 Msp Ingwerpulver*
*2 EL Weißwein oder*
*2 EL Gemüsebrühe/-bouillon*
*4 EL Distelöl*
*4 EL Himbeeressig*

ca. 210 kcal pro Portion

**1.** Artischockenstiel durch Drehen herausbrechen. Äußere harte Blätter von Hand abbrechen. Blattspitzen mit einer Küchenschere um die Hälfte zurückschneiden, um den Artischockenboden zu erhalten. Mit der Hälfte des Zitronensaftes einpinseln.

**2.** Artischockenherzen 20 bis 30 Minuten garen. Mit dem Boden nach oben auskühlen lassen.

**3.** Strohähnlichen Teil (Heu) vorsichtig mit einem Löffel herauslösen.

**4.** Artischocken und Äpfel in feine Scheiben schneiden. Mit dem restlichen Zitronensaft beträufeln.

**5.** Sämtliche Zutaten dekorativ auf Glastellern anrichten. Mit der Sauce beträufeln. Nach Belieben mit Walnüssen garnieren.

**Tip:** Ersetzt man die frischen Artischockenböden durch Dosenware, wird die Zubereitungszeit erheblich verkürzt. Die Artischockenblätter eignen sich sehr gut als Dekoration.

Abbildung unten

## Feuerbohnensalat

*250 g Feuerbohnen*
*1 l kaltes Wasser*
*1 Lorbeerblatt*
*2 EL Essig*
*4 EL Öl*
*1 Schalotte, in Ringe geschnitten*
*1 grüner Gemüsepaprika/Peperoni,*
*halbiert, entkernt, in Streifen geschnitten*
*200 g Champignons, in Scheibchen*
*1 Bund Schnittlauch, fein geschnitten*
*Salz*
*Pfeffer aus der Mühle*

ca. 265 kcal pro Portion

**1.** Feuerbohnen über Nacht im Wasser einweichen.

**2.** Bohnen zusammen mit dem Lorbeerblatt im Einweichwasser 60 bis 75 Minuten garen. Lorbeerblatt entfernen.

**3.** Essig und Öl zu den Bohnen geben. Würzen. 15 Minuten ziehen lassen.

**4.** Schalotten, Gemüsepaprika, Champignons und Schnittlauch dazugeben. Mit Salz und Pfeffer und nach Belieben mit wenig Essig abschmecken.

## Avocadosalat mit Roquefort

*2 reife Avocados*
*Salatblätter (Kopfsalat, Lollo rosso,*
*Endivie, Feld-/Nüßlisalat), für die*
*Garnitur*

*Füllung*
*1 Knoblauchzehe, gepreßt*
*80 g Roquefort*
*80 g Magerquark*
*1 Bund Schnittlauch, fein geschnitten*
*2 EL Joghurt*
*Salz*
*Pfeffer aus der Mühle*
*Paprikapulver*

ca. 305 kcal pro Portion
**1.** Avocados halbieren, Stein entfernen. Fruchtfleisch mit einem Löffel vorsichtig aus der Schale heben und würfeln.
**2.** Die Zutaten für die Füllung gut mischen. Abschmecken.
**3.** Füllung und Avocadowürfel vorsichtig vermengen. Auf die Avocadoschalen verteilen.
**4.** Auf Salatblättern servieren.

Abbildung unten

## Herbstsalat mit Ziegenkäse

*300 g Blattsalat, gemischt (z.B. Lollo*
*rosso, Endivie, Radicchio/rote Chicoree,*
*Feld-/Nüßlisalat)*
*4 frische Ziegenkäse (45% Fett) zu 50 g*
*4 kleine Scheiben Brot, gewürfelt*
*1 Knoblauchzehe, gepreßt*
*2 Thymianzweigchen, fein gehackt*

*Sauce*
*1 EL Zitronensaft*
*3 EL Weißweinessig*
*1 EL Senf*
*Salz*
*Pfeffer aus der Mühle*
*6 EL Wal-/Baumnußöl*

ca. 400 kcal pro Portion
**1.** Saucenzutaten glattrühren.
**2.** Blattsalate in die einzelnen Blätter zerlegen. Waschen. Gut abtropfen lassen. Nach Belieben kleinschneiden.
**3.** Ziegenkäse auf beiden Seiten hellbraun braten.
**4.** Brotwürfel und Knoblauch goldbraun rösten.
**5.** Salat anrichten. Gebratenen Ziegenkäse dazugeben. Mit der Sauce beträufeln. Brotwürfelchen und Thymian darüberstreuen.

**Tip:** Den Salat mit kleingewürfeltem Räucherschinken anreichern.

## Friséesalat an Currysauce

*½ Friséesalat, zerpflückt*
*½ Chinakohl, zerpflückt*
*½ Rettich, in feine Stäbchen geschnitten*
*1 gelber Gemüsepaprika/Peperoni,*
*halbiert, entkernt, in feine Streifen*
*geschnitten*
*1 grüner Gemüsepaprika/Peperoni,*
*halbiert, entkernt, in feine Streifen*
*geschnitten*
*2 Tomaten, Stielansatz kreisförmig*
*entfernt, geviertelt*

*Salatsauce*
*4 EL Weißweinessig*
*8 EL Sonnenblumenöl*
*1 Knoblauchzehe, gepreßt*
*1–2 TL Currypulver*
*1 Prise Zucker*
*Salz*
*Pfeffer aus der Mühle*
*2 EL Petersilie, fein gehackt*
*wenig Schnittlauch, fein geschnitten*

ca. 210 kcal pro Portion
**1.** Blattsalate und Gemüse in einer weiten Schüssel mischen.
**2.** Saucenzutaten zu einer glatten Sauce verrühren.
**3.** Salat mit der Sauce gut mischen. Sofort servieren.

**Tip:** Der Salatsauce wenig Ketchup beigeben. Geschmacklich wie optisch erhält man eine neue Sauce.

Abbildung auf dem Kapiteltitel Seite 35

## Pikantes Blätterteiggebäck

*300 g Blätterteig*
*60 g Greyerzerkäse, gerieben*
*60 g Parmesan, gerieben*
*1 Bund Kräuter, z.B. Petersilie, Oregano,*
*fein gehackt*
*1 Eigelb*
*Salz*

ca. 475 kcal pro Portion
**1.** Blätterteig dünn ausrollen und ein Rechteck schneiden.
**2.** Käse und Kräuter mischen. Gleichmäßig auf den Teig verteilen, dabei eine Schmalseite 2 cm breit leer lassen und mit Wasser einpinseln. Belag leicht andrücken. Von der schmalen Seite her aufrollen. Angefeuchteten Teig andrücken.
**3.** Teigrolle in 1/2 cm dicke Scheiben schneiden. Eigelb mit wenig Wasser mischen. Teigrondellen damit einpinseln.
**4.** Blätterteiggebäck auf einem mit Backtrennpapier belegten Blech im vorgeheizten Ofen auf der zweituntersten Rille bei 200 Grad 15 bis 20 Minuten backen.

Abbildung oben

## Quiche Lorraine

*Teig*
*200 g Mehl*
*1 Msp Backpulver*
*½ TL Salz*
*1 Ei*
*100 g weiche Butter*
*wenig Butter, zum Ausfetten der Form*
*1 EL Semmelbrösel/Paniermehl, zum*
*Bestreuen*

*Füllung*
*150 g Magerspeck, gewürfelt*
*250 g Emmentaler, gewürfelt*
*4 Eier*
*125 g/1,25 dl Sahne/Rahm*
*Salz*
*Pfeffer aus der Mühle*
*1 TL Paprikapulver*
*1 TL Petersilie, gehackt*

für eine Form von 24 cm Durchmesser,
12 Stücke

ca. 295 kcal pro Stück

**1.** Mehl, Backpulver und Salz mischen. Die in Stücke geschnittene Butter beifügen. Krümelig reiben. In die Mehlmischung eine Mulde drücken. Das Ei in die Vertiefung geben. Zu einem glatten Teig zusammenfügen. Teig in Klarsichtfolie schlagen. Im Kühlschrank mindestens 30 Minuten ruhen lassen.
**2.** Für die Füllung Eier und Sahne verquirlen. Mit dem Paprikapulver, Salz und Pfeffer würzen. Petersilie dazugeben.
**3.** Form ausbuttern. Teig ausrollen und in die Form legen. Teig mit einer Gabel mehrmals einstechen.
**4.** Teigboden mit den Semmelbröseln bestreuen. Speck und Käse in die Form geben. Ei-Sahne-Mischung darübergießen.
**5.** Quiche im vorgeheizten Ofen bei 220 Grad auf der zweituntersten Rille ca. 40 Minuten backen. Heiß servieren.

**Tip:** Die Quiche kann auch als Hauptgericht (für 2–3 Personen) serviert werden. Gut dazu paßt ein großer, bunter Salat.

Abbildung unten

# Suppen und Eintöpfe

Kartoffelsuppe, Rezept Seite 46

## Spargelsuppe

*500 g weißer Spargel*
*1 Schuß Weißwein*
*1 l Gemüsebrühe/-bouillon*
*1 TL Mehl*
*½ Zitrone, Saft*
*Salz*
*Pfeffer aus der Mühle*
*Muskatnuß*
*125 g/1,25 dl Sahne/Rahm*
*wenig Petersilie oder Schnittlauch*

ca. 130 kcal pro Portion
**1.** Spargel großzügig schälen.
**2.** Spargelschalen samt Gemüsebrühe 40 Minuten kochen. Brühe abseihen.
**3.** Spargel in kleine Stücke schneiden, Spargelspitzen 3 bis 4 cm lang. Sämtliche Spargel sowie den Weißwein zur Brühe geben. Rund 25 Minuten köcheln lassen.
**4.** Mehl und Zitronensaft verrühren. Zur Suppe geben. Suppe solange köcheln lassen, bis sie bindet. Mit Salz, Pfeffer und Muskatnuß abschmecken.
**5.** Suppe in Tassen oder Teller anrichten. Mit der Schlagsahne und den Kräutern garnieren.

## Wirsing-Rindfleisch-Eintopf

*500 g Rindfleisch (ohne Knochen),*
*gewürfelt*
*50 g Magerspeck, gewürfelt*
*½ l Fleischbrühe/-bouillon*
*750 g Kartoffeln, halbiert oder geviertelt*
*500 g Wirsing/Wirz, in breite Streifen*
*geschnitten*
*1 Zwiebel, in Ringe geschnitten*
*Salz*
*Pfeffer aus der Mühle*

ca. 460 kcal pro Portion
**1.** Rindfleisch zusammen mit dem Speck kräftig anbraten. Mit der Fleischbrühe ablöschen. 25 Minuten garen.
**2.** Kartoffeln, Wirsing und Zwiebeln zum Fleisch geben. Mit Salz und Pfeffer würzen. Weitere 35 Minuten garen.

Abbildung links

## Chili con carne

*500 g Hackfleisch, gemischt*
*250 g rote Bohnen*
*1 l kaltes Wasser*
*2 große Zwiebeln, fein gehackt*
*500 g Tomaten, gehäutet, Stielansatz*
*entfernt, geviertelt*
*1 Knoblauchzehe, fein gehackt*
*1–2 TL Chilipulver*
*1 TL Oregano*
*Salz*
*Cayennepfeffer*

für 6 Personen
ca. 420 Kalorien pro Portion
**1.** Rote Bohnen über Nacht im Wasser einweichen.
**2.** In einem großen Topf das Hackfleisch mit den Zwiebeln anbraten. Tomaten kurz mitdünsten. Bohnen samt Einweichwasser und restlichen Zutaten dazugeben. Würzen. 1½ Stunden garen. Nach Belieben abschmecken.

## Orientalischer Topf

*80 g Kichererbsen*
*80 g weiße Bohnen*
*1,2 l Wasser*
*100 g rote Linsen*
*100 g Vollreis*
*Fleischbrüheextrakt/Fleischbouillonextrakt*
*½–1 EL Kreuzkümmel*
*1 EL Olivenöl*
*nach Belieben Salz*
*Pfeffer aus der Mühle*

ca. 285 kcal pro Portion

**1.** Kichererbsen und Bohnen über Nacht im Wasser einweichen.

**2.** Hülsenfrüchte im Einweichwasser ca. 40 Minuten garen. Reis beigeben. Weitere 20 Minuten garen. Mit Fleischbrüheextrakt würzen. Linsen beigeben. Abermals 20 Minuten garen.

**3.** Eintopf mit Kreuzkümmel, Pfeffer und Olivenöl abschmecken. Nach Belieben nachwürzen.

**Tip:** Mit frischem Koriander abrunden.

## Porreesuppe

*75 g Weizen, mittelgrob gemahlen*
*1 l Gemüsebrühe/-bouillon*
*250 ml/2,5 dl Milch*
*wenig Piment, gemahlen*
*2 EL Liebstöckel/Maggikraut, fein gehackt*
*1 Möhre/Karotte, in zündholzdünne Stäbchen geschnitten*
*¼ Knollensellerie, klein gewürfelt*
*1 Zwiebel, fein gehackt*
*2–3 Porree/Lauch, in feine Ringe geschnitten*
*Zitronensaft*
*2 EL Sahne/Rahm*

ca. 160 kcal pro Portion

**1.** Weizenmehl rösten. Mit der Gemüsebrühe und der Milch ablöschen. Mit Piment und Liebstöckel würzen.

**2.** Sämtliches Gemüse in die Pfanne geben. Suppe aufkochen. 15 bis 20 Minuten garen.

**3.** Suppe mit wenig Zitronensaft abschmecken und der Sahne garnieren.

Abbildung unten

## Feuriges Bohnengericht

*200 g Saubohnen/große weiße Bohnen*
*600 ml/6 dl Wasser*
*3 Schalotten, gehackt*
*100 g Magerspeck, gewürfelt*
*1 EL Tomatenmark*
*4 rote Chilischoten/Pfefferschoten,*
*halbiert, entkernt, in feine*
*Streifen geschnitten*
*Gemüsebrüheextrakt/*
*Gemüsebouillonextrakt*
*Salz nach Belieben*
*Pfeffer aus der Mühle*

ca. 380 kcal pro Portion
**1.** Bohnen über Nacht im Wasser einweichen.
**2.** Schalotten und Speck anschwitzen. Tomatenmark und Bohnen samt Flüssigkeit dazugeben. 90 bis 120 Minuten garen.
**3.** 30 Minuten vor Garende die Chilischoten dazugeben.
**4.** Mit der Gemüsebrühe würzen. Mit Salz und Pfeffer abschmecken.

## Geflügeleintopf

*4 Hähnchenbrüstchen*
*(pro Person 120–150 g)*
*Curry- und Thymianpulver*
*400 ml/4 dl Kokosmilch (aus dem*
*Spezialgeschäft)*
*500 g Kartoffeln, gewürfelt*
*500 g Möhren/Karotten, gewürfelt*
*1 Stauden-/Stangensellerie (ca. 500 g),*
*zerkleinert*
*Salz*
*2 TL frischer grüner Pfeffer*
*500 g Stielmangold/Krautstiele,*
*grob zerkleinert*
*frische Thymianblättchen, zum Bestreuen*

ca. 315 kcal pro Portion
**1.** Hähnchenbrüste mit Curry und Thymian einreiben. Einige Zeit einwirken lassen.
**2.** Das Fleisch beidseitig anbraten. Mit der Kokosmilch ablöschen. Kartoffeln, Möhren, Staudensellerie und grünen Pfeffer dazugeben. 15 Minuten garen.
**3.** Hähnchenbrüste herausnehmen. Warm stellen.
**4.** Mangold zum Eintopf geben. Weitere 10 Minuten garen.
**5.** Das Fleisch zusammen mit dem Gemüse gut erhitzen. Mit Thymianblättchen garnieren.

**Tip:** Die Kokosmilch kann durch Gemüse- oder Geflügelbrühe ersetzt werden.

## Kartoffelsuppe

*375 g Kartoffeln*
*1 Porree/Lauch*
*2 Möhren/Karotten*
*2 Schwarzwurzeln*
*125 g Magerspeck, gewürfelt*
*125 g Zwiebeln, fein gehackt*
*600 ml/6 dl Fleischbrühe/-bouillon*
*125 g/1,25 dl Sahne/Rahm*
*Salz*
*Pfeffer aus der Mühle*
*Schnittlauch, fein geschnitten*

ca. 245 kcal pro Portion
**1.** Kartoffeln und Gemüse putzen und schälen. Porree in feine Ringe, Schwarzwurzeln in 2 cm lange Stücke schneiden. Möhren und Kartoffeln kleinwürfeln. Gemüse und Kartoffeln in separaten Töpfen 20 bis 30 Minuten garen.
**2.** Kartoffeln durch ein Sieb drücken/drehen oder mit dem Schneidstab des Handrührgerätes pürieren.
**3.** Speckwürfelchen anbraten. Zwiebeln beigeben und glasig dünsten. Mit der Fleischbrühe und der Sahne auffüllen. Kartoffeln und Gemüse dazugeben. Aufkochen. Mit Salz und Pfeffer abschmecken. Je nach Dicke der Suppe mit wenig Brühe verdünnen.
**4.** Suppe mit Schnittlauch bestreuen.

**Tip:** Mit einem bunten Salat und knusprigem Vollkornbrot erhält man eine ganze Mahlzeit.

Abbildung auf dem Kapiteltitel Seite 43

## Birnen-Linsen-Eintopf

*300 g braune Linsen*
*700 ml/7 dl schwache Gemüsebrühe/*
*-bouillon*
*600 g Kasseler/Rippli*
*500 g grüne Bohnen*
*700 g Kochbirnen, geschält, halbiert,*
*entkernt*
*1 Chilischote/Pfefferschote*
*Pfeffer aus der Mühle*
*evtl. Salz*

für 5 Personen
ca. 580 kcal pro Portion
**1.** Linsen und Gemüsebrühe aufkochen.
**2.** Kasseler, Bohnen, Birnen und Chilischote in die Pfanne geben. 30 bis 40 Minuten garen.
**3.** Nach Belieben mit Salz und Pfeffer abschmecken.

## Tomatensuppe

*1 kg reife Tomaten, Stielansatz entfernt,*
*geviertelt*
*1 kleine Zwiebel, fein gehackt*
*300 ml/3 dl Gemüsebrühe/-bouillon*
*Salz*
*Pfeffer aus der Mühle*
*1 Zweig Basilikum oder Oregano*
*1 EL Gin*
*4 EL Sahne/Rahm*

ca. 115 kcal pro Portion
**1.** Zwiebeln dünsten. Tomaten beigeben und mitdünsten. Mit der Gemüsebrühe ablöschen. 10 bis 15 Minuten köcheln lassen.
**2.** Suppe pürieren und durch ein Sieb streichen.
**3.** Tomatensuppe aufkochen. Abschmecken mit Salz und Pfeffer. Mit Gin verfeinern.
**4.** Suppe in Tassen oder Teller anrichten. Mit der Schlagsahne und den frischen Kräutern garnieren.

Abbildung: Tomatensuppe

## Zwiebelsuppe mit Käse überbacken

*350 g Zwiebeln, in feine Ringe geschnitten*
*650 ml/6,5 dl Rinderbrühe/-bouillon*
*150 ml/1,5 dl trockener Weißwein*
*150 g/1,5 dl Sahne/Rahm*
*Salz*
*Pfeffer aus der Mühle*
*4 Scheiben Toastbrot*
*150 g reifer Gouda, gerieben*

ca. 350 kcal pro Portion
**1.** Zwiebeln rösten. Mit der Brühe ablöschen. 15 Minuten garen.
**2.** Die Suppe mit dem Weißwein, der Sahne und den Gewürzen abschmecken.
**3.** Brotscheiben toasten.
**4.** Suppe in hohen Suppentassen anrichten. Eine Toastscheibe darauflegen. Großzügig mit Käse bestreuen.
**5.** Suppe im vorgeheizten Ofen auf Grillstufe 5 Minuten überbacken. Sofort servieren.

Abbildung unten

## Südländische Gemüsesuppe

*1 mittelgroße Möhre/Karotte*
*1 Sproß Stauden-/Stangensellerie*
*½ Porree/Lauch*
*1 Zwiebel, fein gehackt*
*1 EL Tomatenmark/-püree*
*800 ml/8 dl Gemüsebrühe/-bouillon*
*Salz*
*Pfeffer aus der Mühle*
*1 Knoblauchzehe, gepreßt*
*2 EL feine Nudeln*
*1 EL Petersilie, gehackt*
*2 Tomaten, gehäutet, Stielansatz entfernt, klein gewürfelt*

ca. 45 kcal pro Portion
**1.** Möhren, Sellerie und Porree kleinschneiden.
**2.** Möhren, Sellerie, Porree und Zwiebeln anschwitzen. Das Tomatenmark beigeben. Mit der Brühe auffüllen. Mit Salz, Pfeffer und dem Knoblauch würzen.
**3.** Nach 15 bis 20 Minuten Garzeit die Nudeln beigeben. Nudeln al dente kochen.
**4.** Tomatenwürfel und Petersilie zur Suppe geben. Aufkochen.

**Tip:** Geriebener Parmesan gibt der Suppe zusätzlich Würze.

## Florentiner Bohnensuppe

*250 g Saubohnen/große weiße Bohnen*
*1 l kaltes Wasser*
*Speck- und Schinkenschwarten*
*2 Zwiebeln, fein gehackt*
*1 Porree/Lauch, in feine Ringe geschnitten*
*2 Stauden-/Stangensellerie, fein geschnitten*
*2 Möhren/Karotten, in feine Stäbchen geschnitten*
*500 g Tomaten, gehäutet, Stielansatz entfernt, grob gewürfelt*
*250 g Wirsing/Wirz, in feine Streifen geschnitten*
*1 rote Chilischote/Pfefferschote*
*1 Zweig frischer Thymian*
*Salz*
*Pfeffer aus der Mühle*
*4 dünne Brotscheiben*
*2 Knoblauchzehen, gepreßt*
*2 TL Olivenöl*
*1 EL Parmesankäse, gerieben*

ca. 275 kcal pro Portion
**1.** Bohnen über Nacht im Wasser einweichen.
**2.** Bohnen samt Einweichwasser und den Speck- und Schinkenschwarten in einem Schnell-/Dampfkochtopf ca. 20 Minuten garen.
**3.** In einem zweiten Topf die Zwiebeln kurz dünsten. Das Gemüse beigeben. Mit Salz und Pfeffer abschmecken. Chilischote und Thymianzweig zum Gemüse geben. Zugedeckt 20 Minuten garen.
**4.** Rund die Hälfte der gekochten Bohnen auf die Seite stellen. Schwarten entfernen.
**5.** Restliche Bohnen mit etwas Kochflüssigkeit pürieren. Mit der übrigen Kochflüssigkeit unter das Gemüse rühren. Weitere 15 bis 20 Minuten garen. Die ganzen Bohnen hinzufügen und aufwärmen.
**6.** Knoblauch mit dem Olivenöl mischen. Beidseitig auf die Brotscheiben streichen. Brot goldbraun rösten.
**7.** In jeden vorgewärmten Suppenteller eine Brotscheibe legen. Mit dem Parmesan bestreuen. Mit der heißen Suppe auffüllen. Sofort servieren.

Abildung oben

## Roggen an Gorgonzolasauce

*150 g Roggenkörner*
*400 ml/4 dl Wasser*
*4 EL saure Sahne/Sauerrahm*
*1 EL Obstessig*
*1 EL Sonnenblumenöl*
*1 Zwiebel, fein gehackt*
*2 EL Schnittlauch, fein geschnitten*
*wenig Petersilie*
*2 EL Tomatenmark/-püree*
*Salz*
*Pfeffer aus der Mühle*
*1 Prise Zucker*
*1 TL Oregano*
*100 g Gorgonzola*
*300 g Tomaten*

ca. 275 kcal pro Portion
**1.** Roggen über Nacht im Wasser einlegen.
**2.** Getreidekörner im Einweichwasser 45 bis 50 Minuten garen. 30 bis 60 Minuten nachquellen lassen.
**3.** Saure Sahne, Öl, Essig, Zwiebeln, Schnittlauch und Tomatenmark mischen. Gorgonzola mit der Gabel zerdrücken und dazugeben. Kräftig würzen.
**4.** Tomaten häuten, Stielansatz entfernen. Je nach Größe vierteln oder achteln.
**5.** Gorgonzolasauce mit dem Getreide mischen. Tomaten dazugeben. Getreidegericht abermals aufkochen. Sofort servieren.

Abbildung oben

## Gelbe Erbsensuppe

*200 g getrocknete gelbe Erbsen*
*1 l Wasser*
*1 Zwiebel, gespickt mit Lorbeerblatt und Gewürznelke*
*200 g geräucherter Schinken, gewürfelt*
*2 Möhren/Karotten, in dünne Stäbchen geschnitten*
*Gemüsebrüheextrakt/ Gemüsebouillonextrakt*
*4 junge Porree/Lauch, fein geschnitten*
*2 Scheiben Toastbrot, ohne Rinde, gewürfelt*
*1 Basilikumzweig*

ca. 300 kcal pro Portion
**1.** Erbsen über Nacht im Wasser einweichen.
**2.** Erbsen samt Einweichwasser und gespickter Zwiebel aufkochen. 60 bis 90 Minuten garen. Zwiebel entfernen. Erbsen pürieren. Nach Belieben durch ein Sieb streichen.
**3.** Schinken anbraten. Zusammen mit den Möhren zur Suppe geben. Mit dem Gemüsebrüheextrakt würzen. 10 Minuten unter gelegentlichem Rühren köcheln lassen.
**5.** Toastbrot in der Pfanne rösten.
**6.** Porree vor dem Servieren in die Suppe geben.
**7.** Mit den Brotwürfelchen und dem feingeschnittenen Basilikum bestreuen. Sofort servieren.

**Tip:** Im Schnell-/Dampfkochtopf beträgt die Garzeit der Erbsen ca. 30 Minuten.

## Gurken-Kefir-Kaltschale

*2 Salatgurken zu ca. 350 g*
*1 Becher (180 g) Kefir*
*1 EL Essig*
*Salz*
*Pfeffer aus der Mühle*
*2 EL frischer Dill, fein gehackt*
*2 Tomaten, gehäutet, entkernt, klein gewürfelt*

ca. 50 kcal pro Portion
**1.** Gurken schälen, halbieren und entkernen.
**2.** Für die Suppeneinlage ¹/₃ der Gurken in feine Würfelchen schneiden.
**3.** Restliche Gurken grob zerkleinern. Zusammen mit dem Kefir im Mixer fein pürieren. Mit Essig, Salz und Pfeffer abschmecken.
**4.** Tomaten- und Gurkenwürfelchen zur Kaltschale geben. Mit dem Dill garnieren.

**Tip:** Anstelle von Kefir kann Joghurt oder Buttermilch verwendet werden. Kühl serviert schmeckt die Schale besonders erfrischend.

Abbildung: Fleisch-/Gemüseeintopf

## Fleisch-/Gemüseeintopf

*200 g Rinderfleisch, gewürfelt*
*200 g Schweinefleisch, gewürfelt*
*50 g geräucherter Magerspeck, klein gewürfelt*
*1 Zwiebel, in Scheiben*
*150 g Knollensellerie, gewürfelt*
*400 g Porree/Lauch, in Ringen*
*150 g Möhren/Karotten, in Scheiben*
*250 g Wirsing/Wirz, in Streifen*
*250 g Kartoffeln, in Würfeln*
*400 ml/4 dl Fleischbrühe/-bouillon*
*Salz nach Belieben*
*Pfeffer aus der Mühle*
*1 Bund Petersilie, fein gehackt*

ca. 350 kcal pro Portion
**1.** Fleisch und Speck kräftig anbraten. Zwiebeln kurz mitdünsten.
**2.** Gemüse und Brühe beigeben. Mit Salz und Pfeffer würzen. Zugedeckt 50 bis 60 Minuten garen.
**3.** Mit der Petersilie bestreuen.

**Tip:** Wenig Kümmel gibt dem Eintopf eine besondere Note. Der Kümmel macht zudem das Gericht leichter verdaulich.

## Kürbiscremesuppe

*200 g Kürbis, geschält, gewürfelt*
*wenig Kürbis für die Garnitur*
*1 kleine Schalotte, fein gehackt*
*1 kleines Stück Knollensellerie, klein*
*gewürfelt*
*1 kleines Stück Porree/Lauch, fein*
*geschnitten*
*150 g Möhren/Karotten, klein gewürfelt*
*1 Zweig Thymian*
*700 ml/7 dl Gemüsebrühe/-bouillon*
*1 Lorbeerblatt*
*2–3 Pfefferkörner*
*2–3 Pimentkörner*
*200 g/2 dl Sahne/Rahm*
*Salz*
*Cayennepulver*
*wenig Zitronensaft*
*3 EL Apfelessig*
*1 EL Kürbiskernöl*

ca. 200 kcal pro Portion
**1.** Schalotten, Sellerie und Porree dünsten. Kürbis und Möhren beigeben. Mitdünsten.
**2.** Gemüsebrühe, Pfeffer- und Pimentkörner sowie Lorbeerblatt zum Gemüse geben. Ca. 40 Minuten garen, bis das Gemüse weich ist.
**3.** Lorbeerblatt sowie Pfeffer- und Pimentkörner entfernen.
**4.** Suppe pürieren und durch ein Sieb streichen. Zusammen mit der Sahne aufkochen. Mit Salz, Cayennepfeffer und Zitronensaft abschmecken.
**5.** Vor dem Servieren mit dem Essig und Kürbiskernöl verfeinern. Kleinste Kürbiswürfelchen als Garnitur verwenden.

## Gemüsesuppe mit Buchweizenklößchen

*500 g Möhren/Karotten, in dünne*
*Scheiben geschnitten*
*300 g frische junge Erbsen*
*750 ml/7,5 dl Gemüsebrühe/-bouillon*
*Salz*
*Pfeffer aus der Mühle*
*Muskatnuß*
*2 EL Petersilie, fein gehackt*

*Buchweizenklößchen*
*100 g feines Buchweizenschrot*
*20 g Butter*
*250 ml/2,5 dl Milch*
*1 Ei*
*Salz*
*Pfeffer aus der Mühle*
*wenig gemahlener Koriander*

ca. 280 kcal pro Portion
**1.** Für die Klößchen Butter, Milch und Buchweizenschrot aufkochen. 5 bis 10 Minuten kochen. Schrotbrei erkalten lassen.
**2.** Möhren 20 Minuten dünsten. Erbsen und Gemüsebrühe beigeben. Aufkochen. Mit Salz, Pfeffer und Muskat abschmecken.
**3.** Ei unter den Schrotbrei rühren. Würzen. Mit feuchten Händen walnußgroße Klößchen formen.
**4.** Buchweizenklößchen in die heiße Gemüsesuppe geben. Auf kleinster Stufe 10 bis 15 Minuten ziehen lassen.
**5.** Suppe mit Petersilie bestreuen. Sofort servieren.

# Gemüse

Gemüse-Potpourri, Rezept Seite 62

**4.** Restliche Tomatenscheiben auf die Pilze legen. Erwärmen.
**5.** Tomatenscheiben, Pilze und Romanesco warm stellen. Flüssigkeit auf die Hälfte einreduzieren. Abschmecken.
**6.** Mit der Tomatensauce einen Spiegel machen. Das Gemüse darauf anrichten.

**Tip:** Romanesco durch Blumenkohl oder Broccoli ersetzen.

**Botanik:** Der Romanesco oder Türmchenkohl ist eine gelbgrüne Kreuzung von Blumenkohl und Broccoli mit kleinen Minarettürmchen. Der Romanesco kann roh als Salat oder Dipgemüse sowie gegart zubereitet werden.

Abbildung links (unten)

## Romanesco mit Pilzen auf Tomatensauce

*4 kleine Romanesco
(pro Stück 300/350 g)
150 g braune Champignons, in Scheiben
150 g Austernpilze, in Scheiben
4 Tomaten, gehäutet, Stielansatz entfernt,
in Scheiben
2 EL Oregano, fein gehackt
Salz
Pfeffer aus der Mühle*

ca. 55 kcal pro Portion
**1.** Beim Romanesco Strunk bis auf 2/3 cm zurückschneiden. Restlichen Strunk schälen.
**2.** Bodenrand der Pfanne mit der Hälfte der Tomatenscheiben belegen. Romanesco in die Mitte geben. 10 Minuten garen.
**3.** Pilze mischen und um den Romanesco verteilen. Oregano darüberstreuen. Weitere 10 Minuten garen.

## Leichtes Pilzragout

*250 g weiße Champignons, in Scheiben
geschnitten
250 g braune Champignons, in Scheiben
geschnitten
1 kleine Zwiebel, fein gehackt
250 g Frischquark
2 EL Sahne/Rahm
1/2 Bund Petersilie, fein gehackt
2 Dillzweige, fein gehackt
Pfeffer aus der Mühle/wenig Petersilie*

ca. 100 kcal pro Portion
**1.** Zwiebeln dünsten. Champignons dazugeben und kurz mitdünsten.
**2.** Quark, Sahne und Kräuter vermengen. Zu den Champignons geben. Pilzgericht erhitzen. Abschmecken. Mit den Kräutern garnieren und sofort servieren.

**Tip:** Für dieses Gericht eignen sich auch andere Pilze, z.B. Steinpilze, Pfifferlinge/Eierschwämme usw. Pilzgericht mit Toastbrot als Vorspeise servieren oder mit Reis/Teigwaren als Hauptgericht.

Abbildung links (Mitte)

## Rotkohl mit Äpfeln

*750 g Rotkohl/Rotkabis, in feinen Streifen*
*300 g Zwiebeln, fein gehackt*
*1 Schuß Essig*
*3 Knoblauchzehen, fein gehackt*
*1 Zimtstange*
*Pfeffer aus der Mühle*
*500 g Äpfel, in feinen Scheiben*

ca. 155 kcal pro Portion
**1.** Rotkohl, Zwiebeln und Knoblauch andünsten. Essig und Zimtstange dazugeben. Würzen. 25 bis 35 Minuten dünsten.
**2.** Apfelscheiben zum Kohl geben. Weitere 15 bis 20 Minuten garen.
**3.** Zimtstange entfernen. Rotkohl abschmekken.

**Tip:** Rezept Rotkohl mit Rinderroulade auf Seite 86.

Abbildung unten

## Fenchel mit Schinkenstreifen

*2–3 Fenchel (ca. 600 g)*
*1 große Zwiebel, in 5 mm dicke Scheiben*
*geschnitten*
*100 g Rohschinken, in feine Streifen*
*geschnitten*
*1 Möhre/Karotte, gewürfelt*
*1 kleiner Porree/Lauch, in Ringe*
*geschnitten*
*1 Prise Zucker*
*1 EL Zitronensaft*
*Salz*
*Pfeffer aus der Mühle*

ca. 200 kcal pro Portion
**1.** Fenchelkraut wegschneiden und als Garnitur verwenden. Fenchelknollen halbieren.
**2.** Pfannenboden mit den Zwiebelscheiben belegen. Fenchel darauflegen. Schinken, Möhren, Porree, Zucker, und Zitronensaft dazugeben.
**3.** 30 bis 40 Minuten garen.
**4.** Abschmecken. Mit dem gezupften Fenchelkraut garnieren.

**Tip:** Zusammen mit einem Kartoffelgericht erhält man eine ganze Mahlzeit.

## Auberginen

*2 Auberginen*
*schwarzer Pfeffer, grob gemahlen*
*Salz*
*1 EL Oregano, fein gehackt*
*4 EL Olivenöl*

für 6 Personen/ca. 110 kcal pro Portion
**1.** Stielansatz der Auberginen wegschneiden, längs in 0,5 cm dicke Scheiben schneiden.
**2.** Scheiben 15 Min. in Salzwasser einlegen.
**3.** Auberginenscheiben trocknen.
**4.** Salz, Pfeffer, Oregano und Öl mischen. Auberginen damit beidseitig einpinseln.
**5.** Auberginen in eine ofenfeste Form legen. Im vorgeheizten Ofen bei 220 bis 230 Grad auf beiden Seiten grillen (je ca. 5 Minuten).

Abbildung oben

## Zucchini

*4 mittelgroße Zucchini, längs halbiert*
*½ TL Oregano, fein gehackt*
*½ TL Basilkum, fein geschnitten*
*½ TL Rosmarinnadeln, fein gehackt*
*½ TL Bohnenkraut, fein gehackt*
*3 EL Olivenöl*
*Paprika/Pfeffer aus der Mühle*

ca. 120 kcal pro Portion
**1.** Gehackte Kräuter mit dem Olivenöl mischen. Mit Pfeffer und Paprika würzen.
**2.** Marinade gleichmäßig auf die Zucchinihälften verteilen.
**3.** Zucchinihälften in eine ofenfeste Form legen. Im vorgeheizten Ofen bei 220 Grad 15 bis 20 Minuten backen.

## Gefüllte Patissons

*4 kleine Patissons*
*Füllung*
*4 EL saure Sahne/Sauerrahm*
*1 Ei*
*150 g gekochter Schinken, in feine Streifen geschnitten*
*50 g Parmesan, gerieben*
*1 Zweig Basilikum*
*Pfeffer aus der Mühle*
*4 Wal-/Baumnußhälften, gehackt*

ca. 215 kcal pro Portion
**1.** Ganze Patissons samt Haut 30 Min. garen.
**2.** Patissons unter kaltem Wasser abschrecken. Einen Deckel abschneiden. Früchte so aushöhlen, daß sämtliche Kerne entfernt sind.
**3.** Saure Sahne und Ei verquirlen. Schinken, Parmesan und feingehacktes Basilikum beigeben. Würzen.
**4.** Die Füllung in die Patissons geben. Walnüsse darauf verteilen.
**5.** Patissons in eine ofenfeste Form stellen. Im vorgeheizten Ofen bei 200 Grad 20 bis 25 Minuten überbacken.

## Gedünsteter Blumenkohl mit Broccoli

*500 g Blumenkohl, in Röschen*
*500 g Broccoli, in Röschen*
*1 EL Parmesan, gerieben*
*Pfeffer aus der Mühle*

ca. 55 kcal pro Portion
**1.** Blumenkohl und Broccoli ca. 25 Minuten dünsten.

**2.** Parmesan darüberstreuen und schmelzen lassen.

**3.** Abschmecken. Sofort servieren.

**Tip:** Zusätzlich mit geraspelten Nüssen bestreuen, die man ohne Fettstoff röstet.

### Gefüllte Kohlrabi

*4 Kohlrabi/Rübkohl, mit Blattgrün*
*(pro Stück ca. 250 g)*
*1 Prise Zucker*
*125 g/1,25 dl Sahne/Rahm*
*½ Bund Petersilie, fein gehackt*

*Füllung*
*1 Zwiebel, fein gehackt*
*150 g Hackfleisch, gemischt*
*1 Ei*
*1 Vollkornbrötchen, eingeweicht,*
*ausgedrückt*

*½ Bund Petersilie, fein gehackt*
*Salz*
*Pfeffer aus der Mühle*
*2 EL Majoran, gehackt*

ca. 280 kcal pro Portion

**1.** Kohlrabi schälen. Einen Deckel abschneiden. Kohlrabi sorgfältig dünnwandig aushöhlen.

**2.** Ausgehöhltes Kohlrabifleisch sowie zarte Kohlrabiblätter fein hacken.

**3.** Gehackte Kohlrabi, Zwiebeln, Hackfleisch, Ei, Brötchen, Majoran und Gewürze mischen.

**4.** Kohlrabi füllen. Deckel aufsetzen.

**5.** Gefüllte Kohlrabi 40 bis 50 Minuten garen.

**6.** Ausgetretenen Saft zusammen mit der Sahne aufkochen. Mit der Prise Zucker und der Petersilie würzen.

**Tip:** Mit Teigwaren, Reis oder Kartoffeln servieren.

Abbildung oben

## Möhrentopf

*400 g junge Möhren/Karotten, geputzt,*
*in dünne Stäbchen geschnitten*
*10 Schalotten oder*
*10 sehr kleine Zwiebeln*
*75 g durchwachsener Speck, gewürfelt*
*Pfeffer aus der Mühle*
*1 Bund Petersilie, fein gehackt*

ca. 143 kcal pro Portion
**1.** Möhren, Zwiebeln und Speck 15 bis 20 Minuten dünsten. Abschmecken. Mit Petersilie bestreuen und servieren.

**Tip:** Möhrentopf mit Kartoffeln servieren.

Abbildung oben

## Glasiertes Wurzelgemüse

*800 g junge Möhren/Karotten*
*1 TL Zucker*
*100 ml/1 dl Gemüsebrühe/-bouillon*

ca. 90 kcal pro Portion
**1.** Die Möhren unter fließendem Wasser mit einer Bürste gut reinigen. Nicht schälen. Kraut bis auf 2 cm zurückschneiden.
**2.** Möhren mit dem Zucker kurz dünsten. Mit der Gemüsebrühe ablöschen. Ohne Deckel knackig garen. Junge, zarte Möhren haben eine kurze Garzeit. Pfanneninhalt öfters schütteln.

**Tip:** Diese Garmethode eignet sich ausgezeichnet für stärkehaltige Gemüsesorten wie Zuckerschoten/Kefen, Pfälzer, Schwarzwurzeln, Pastinaken, Kastanien, kleine Zwiebeln. – Zartes Möhrengrün ergibt eine feine Cremesuppe: Wenig Zwiebeln anschwitzen. Möhrengrün dazugeben und zusammenfallen lassen. Mit Gemüsebrühe/-bouillon auffüllen. Kurz kochen lassen. Suppe pürieren. Aufkochen. Mit Sahne verfeinern. Abschmecken.

## Spinatküchlein

*1 große Zwiebel, fein gehackt*
*100 g Weizenflocken*
*1 Paket (450 g) tiefgefrorener Spinat,*
*gehackt*
*1 Knoblauchzehe, gepreßt*
*Muskatnuß*
*Paprikapulver, edelsüß*
*Pfeffer aus der Mühle*
*2 Eier*

ca. 145 kcal pro Portion
**1.** Zwiebeln anschwitzen. Weizenflocken und Spinat beigeben. Auf kleinem Feuer auftauen lassen. Ab und zu rühren. Mit dem Knoblauch und den Gewürzen abschmecken. Auskühlen lassen.
**2.** Verquirlte Eier mit dem Spinat mischen. Nach Belieben nochmals abschmecken.
**3.** Pfanne mit wenig Öl auspinseln. Darin 12 kleine Spinatküchlein ausbacken.

## Gefüllte Champignons

*12 große Champignons*
*2 EL Zitronensaft zum Beträufeln*
*frische Petersilie als Garnitur*
*frische Champignons als Garnitur*

*Füllung*
*1 kleine Zwiebel, fein gehackt*
*1 kleine Knoblauchzehe, gepreßt*
*70 g Gouda oder Greyerzerkäse, gut reif,*
*gerieben*
*3 Scheiben Rohschinken, in feinen Streifen*
*3 EL saure Sahne/Sauerrahm*
*3 EL Petersilie, fein gehackt*
*Pfeffer aus der Mühle*
*1 EL weiche Butter für die Form*
*10 g geriebener Greyerzerkäse,*
*zum Bestreuen*

ca. 155 kcal pro Portion
**1.** Champignonsstiele vorsichtig herausdrehen. Die Hüte mit Zitronensaft beträufeln.
**2.** Champignonsstiele fein hacken.
**3.** Die Zutaten für die Füllung mischen. Gehackte Champignons dazugeben. Abschmekken.
**4.** Champignonshüte mit der Masse füllen.
**5.** Eine ofenfeste Form mit der Butter ausreiben. Die Hüte hineinlegen und mit dem Käse bestreuen.
**6.** Im vorgeheizten Ofen auf der zweituntersten Rille bei 180 Grad ca. 25 Minuten backen.
**7.** Champignonshüte auf flache Teller anrichten. Champignons für die Garnitur feinblättrig schneiden. Zusammen mit der Petersilie auf die Teller verteilen.

## Herbstlicher Wurzeltopf

*3 Zwiebeln, in feine Ringe geschnitten*
*800 g Schwarzwurzeln*
*400 g Petersilienwurzeln*
*1 Möhre/Karotte*
*150 ml/1,5 dl Hühnerbrühe/-bouillon*
*150 g Crème fraîche*
*2 EL Kräuter, gehackt*

ca. 240 kcal pro Portion
**1.** Schwarzwurzeln mit Handschuhen schälen (der Saft hinterläßt auf der Haut unschöne braune Flecken). Schwarzwurzeln in Stücke schneiden. Bis zur Weiterverwendung in Essigwasser legen (damit die weiße Farbe erhalten bleibt). Petersilienwurzeln und Möhre schälen. In Stäbchen schneiden.
**2.** Zwiebeln kräftig dünsten. Sämtliches Gemüse dazugeben. und kurz mitdünsten. Mit der Hühnerbrühe ablöschen. 30 Minuten garen.
**3.** Kräuter zur Crème fraîche geben. Mit dem Gemüse mischen. Nach Belieben würzen.

## Spargel mit Orangensauce

*je 500 g weißer und grüner Spargel*
*1 Orange für die Garnitur*

*Sauce*
*150 ml/1,5 dl Orangensaft, frisch gepreßt*
*1 EL Zucker*
*1/2 unbehandelte Orange, abgeriebene*
*Schale*
*1 EL Zitronensaft, frisch gepreßt*
*100 ml/1 dl Gemüsebrühe/-bouillon*
*20 g Butter*
*Salz*
*Cayennepfeffer*

ca. 120 Kalorien pro Portion
**1.** Weißen Spargel großzügig schälen, vom Köpfchen zum Stengelende. Ende um 2 bis 3 cm kürzen. Beim grünen Spargel, je nach Zartheit und Frische, höchstens das hintere Drittel schälen. Vom Stengelende 1 bis 2 cm wegschneiden.
**2.** Weißen Spargel tropfnaß in einen geeigneten Topf geben. 25 bis 35 Minuten garen. Nach 10 bis 15 Minuten den grünen Spargel darauflegen.
**3.** Orange für die Garnitur kappen (oben und unten einen Deckel abschneiden). Schale samt weißen Teilen von oben nach unten wegschneiden. Mit einem scharfen Messer an den beiden dünnen Trennhäutchen der Fruchtschnitze entlangschneiden. Filets herauslösen.

**4.** Orangensaft, Zucker, Zitronensaft und Gemüsebrühe auf 1/3 einreduzieren. Sauce abseihen und erneut aufkochen. Geriebene Orangenschalen dazugeben. Kalte Butter stückchenweise in die Sauce rühren. Abschmecken.
**5.** Spargel anrichten. Mit den Orangenfilets garnieren. Sauce separat servieren.

## Maiskolben

*4 Zuckermaiskolben*
*4 EL Butter, flüssig*
*Cayennepfeffer*
*1 EL Dill, fein gehackt*
*2 EL Petersilie, fein gehackt*

ca. 180 kcal pro Portion
**1.** Butter mit den Kräutern und dem Pfeffer mischen.
**2.** Maiskolben mit der Buttermischung einpinseln.
**3.** Maiskolben in eine ofenfeste Form legen. Im vorgeheizten Ofen bei 220 bis 230 Grad 20 Minuten grillen. Von Zeit zu Zeit drehen.

Abbildung unten

## Pilzspieß

*16 weiße Champignons*
*2 Porree/Lauch, in ca. 3 cm lange Stücke*
*geschnitten*
*2 mittelgroße Zwiebeln, in dicke Scheiben*
*geschnitten*

*Marinade*
*1 EL Distelöl*
*1 EL Zitronensaft*
*1 Msp Muskatnuß*
*2 TL Petersilie, fein gehackt*
*Pfeffer aus der Mühle*

ca. 55 kcal pro Spießchen
**1.** Zutaten für die Marinade verrühren.
**2.** Pilze abwechslungsweise mit dem Porree und den Zwiebeln auf 4 Spieße reihen.
**3.** Sofort mit der Marinade einpinseln. 30 Minuten marinieren.
**4.** Spieße beidseitig bei mäßiger Hitze braten.

**Tip:** Saisonales Frischangebot von Pilzen wie Pfifferling/Eierschwamm, Steinpilz usw. berücksichtigen. Die Champignonszahl reduziert sich entsprechend.

## Gefüllte Tomaten

*4 Fleischtomaten*
*150 ml/1,5 dl Gemüsebrühe/-bouillon*
*75 g Buchweizen*
*1 Ei*
*50 g Gouda oder Emmentaler, gerieben*
*1 EL Liebstöckel/Maggikraut, fein gehackt*
*1 Bund Petersilie, fein gehackt*
*Pfeffer aus der Mühle*
*wenig weiche Butter für die Form*

ca. 155 kcal pro Portion
**1.** Buchweizen in der Gemüsebrühe 10 bis 15 Minuten kochen und 10 bis 20 Minuten nachquellen lassen.
**2.** Von den Tomaten einen Deckel abschneiden. Vorsichtig aushöhlen.
**3.** Ausgehöhltes Tomatenfleisch mit dem ausgekühlten Buchweizen mischen. Ei, Käse und Liebstöckel beigeben. Abschmecken. Buchweizen in die Tomaten füllen.
**4.** Tomaten in eine leicht ausgebutterte Ofenform stellen. Im vorgeheizten Ofen bei 200 Grad 20 Minuten überbacken.

**Tip:** Die Tomaten vor dem Überbacken mit geriebenem Käse bestreuen.

Abbildung oben

## Gemüse-Potpourri

*4 kleine Rote-Bete/Randen*
*1 kleiner Broccoli*
*1 kleiner Romanesco*
*8 kleine Kartoffeln*
*500 g junge Möhren/Karotten*
*8 kleine weiße Rüben (Navets)*
*8 kleine Frühlingszwieblen*
*1 Zucchini*
*4 kleine Tomaten*
*1 Bund Kerbel, fein gehackt*
*wenig Petersilie, fein gehackt*
*wenig Butter*

ca. 240 kcal pro Portion
**1.** Rote-Bete samt Haut in einem separaten Topf 30 Minuten garen. Schälen.
**2.** Broccoli und Romanesco ganz lassen. Strunk auf 3 bis 4 cm zurückschneiden. Restlichen Strunk schälen. Kartoffeln schälen, ganz lassen. Möhrenkraut auf 3 bis 4 cm zurückschneiden. Möhren putzen. Weiße Rüben schälen. Tomaten ganz lassen. Frühlingszwiebeln putzen. Zwiebelgrün wenig zurückschneiden. Zucchini in 4 cm lange Stücke schneiden.
**3.** Sämtliches Gemüse nach Garzeit gestuft in einen genügend großen Topf geben. Begonnen wird mit dem Broccoli, dem Romanesco und den Kartoffeln (Garzeit total 30 bis 35 Minuten). Nach 15 Minuten die weißen Rüben beigeben. Nach weiteren 5 Minuten die Möhren, die Frühlingszwiebeln und die Zucchini. 5 Minuten vor Ende der Garzeit die Tomaten beigeben.
**4.** Rote-Beten zum Gemüse-Potpourri geben. Kerbel und Petersilie darüberstreuen. Einige Butterflocken runden das Aroma ab.

Abbildung auf dem Kapiteltitel Seite 53

## Ratatouille

*1–2 Zwiebeln, in feinen Scheiben*
*1 Knoblauchzehe, gepreßt*
*1 kleine Aubergine, in Würfeln*
*je 1 gelber und roter Gemüsepaprika/*
*Peperoni, in Streifen*
*1 Zucchini, in Scheiben*
*2 Fleischtomaten, gehäutet, Stielansatz*
*entfernt, entkernt, in Achtel geschnitten*
*2 EL Kräuter, gehackt, z.B. Oregano,*
*Petersilie, Rosmarin*
*Pfeffer aus der Mühle*

ca. 35 kcal pro Portion
**1.** Zwiebeln und Knoblauch anschwitzen. Auberginen, Gemüsepaprika, Zucchini und Kräuter beigeben. 15 Minuten dünsten.
**2.** Tomaten zur Ratatouille geben. Weitere 10 Minuten dünsten. Würzen.

# Beilagen und Hauptgerichte

Basilikum-Spaghetti, Rezept Seite 73

## Kartoffelgratin

*800 g Lagerkartoffeln*
*250 g/2,5 dl Sahne/Rahm*
*125 ml/1,25 dl Milch*
*2 Knoblauchzehen, gepreßt*
*Salz*
*Pfeffer*

ca. 400 kcal pro Portion
**1.** Kartoffeln schälen und in ca. 2 mm dicke oder dünnere Scheiben schneiden.
**2.** Kartoffeln in eine ofenfeste Form schichten.
**3.** Sahne und Milch verquirlen. Knoblauch dazugeben. Würzen. Flüssigkeit über die Kartoffeln gießen.
**4.** Kartoffelgratin im vorgeheizten Ofen auf mittlerer Schiene bei 200 bis 220 Grad 45 bis 55 Minuten backen.

Abbildung links

## Kartoffeln-Grundrezept

*750–1000 g Kartoffeln*

165 kcal pro Portion
**1.** Kartoffeln schälen. Je nach Größe vierteln oder in nicht zu große Stücke schneiden.
**2.** Tropfnaß in einen geeigneten Topf geben. Darauf achten, daß der Topf zu 1/2 bis 2/3 gefüllt ist.
**3.** Kartoffeln zugedeckt 35 bis 40 Minuten garen.

**Tip:** Gegarte Kartoffeln mit gehackten Kräuter mischen. Zum Garen ohne Zusatz von Wasser nur frische Kartoffeln verwenden. Bei abgelagerten Kartoffeln 1 bis 2 Eßlöffel Wasser dazugeben.

## Schalen-/Pellkartoffeln/ Geschwellti – Grundrezept

*750–1000 g kleine Kartoffeln*

165 kcal pro Portion
**1.** Kartoffeln gründlich waschen. Falls nötig, mit einer Bürste säubern.
**2.** Tropfnaß in den Topf geben. Darauf achten, daß der Topf zu 1/2 bis 2/3 gefüllt ist. 45 bis 55 Minuten garen.
**3.** Kartoffeln leicht abkühlen lassen. Sofort schälen.

## Rösti

*800 g Schalenkartoffeln/Pellkartoffeln/*
*Gschwellti gekocht*
*ca. 40 g Butterschmalz/Bratbutter*
*(geklärte Butter)*
*Salz*

ca. 325 kcal pro Portion

**1.** Schalenkartoffeln schälen. Mit der Röstiraffel (grobe Raspel) reiben.

**2.** Die Hälfte Butterschmalz in einem flachen, großen Topf verlaufen lassen. Kartoffeln beigeben. Mit Salz würzen. Gut andrücken und einen Fladen formen. Kartoffeln auf der Unterseite gut bräunen. Es soll eine schöne Kruste geben.

**3.** Rösti auf einen großen, flachen Teller stürzen. Restlichen Butterschmalz zergehen lassen. Kartoffelfladen in den Topf gleiten lassen. Unterseite kräftig bräunen. Es soll eine schöne Kruste geben.

**Tip:** Der Kartoffelmasse Speck- oder Schinkenwürfelchen beigeben.

Abbildung unten

## Kartoffelgnocchi

*800 g mehlige Kartoffeln*
*60 g Mehl*
*60 g grober Grieß*
*Salz*
*Pfeffer aus der Mühle*
*Muskatnuß*
*1 Ei*
*½ l Gemüsebrühe/-bouillon*

ca. 175 kcal pro Portion

**1.** Kartoffeln gründlich waschen. Falls nötig, mit einer Bürste säubern. Tropfnaß in den Topf geben. 45 bis 55 Minuten garen.

**2.** Kartoffeln unter kaltem Wasser abschrekken. Schälen. Noch heiß durch ein Sieb (Passevite) drücken/drehen. Erkalten lassen.

**3.** Sämtliche Zutaten gut mischen. Pikant würzen. Zu einem glatten Teig verarbeiten.

**4.** Aus dem Kartoffelteig mit bemehlten Handflächen Gnocchi formen.

**5.** Gnocchi in den Dampfeinsatz legen. 25 bis 30 Minuten über der Brühe garen.

**Tip:** Energie kann gespart werden, wenn die Klößchen gleich über dem dazugehörenden Gericht gegart werden, z.B. über Gulasch, Sauerkraut oder Rotkohl.

## Überbackene Kartoffeln

*4 große oder*
*8 mittlere Kartoffeln*
*8 gehäufte EL Hüttenkäse*
*4 TL frische Kräuter, gehackt,*
*z.B. Fenchelkraut, Petersilie, Kresse*
*4 TL Paprikapulver*
*Salz*
*Pfeffer aus der Mühle*

ca. 175 kcal pro Portion

**1.** Kartoffeln gründlich waschen. Falls nötig, mit einer Bürste säubern. Tropfnaß in den Topf geben. 45 bis 55 Minuten garen.

**2.** Kartoffeln längs halbieren. Mit der Schnittfläche oben auf ein Backblech stellen. Für besseren Stand eventuell leicht anschneiden.

**3.** Die eine Hälfte Hüttenkäse mit Kräutern, die andere mit Paprikapulver würzen. Mit Salz und Pfeffer abschmecken. Auf die Kartoffelhälften verteilen.

**4.** Kartoffeln auf mittlerer Schiene im vorgeheizten Ofen bei 200 Grad ca. 15 Minuten überbacken.

**Tip:** Kartoffeln mit einem großen Salat servieren.

## Hirse-Mondsicheln

*½ Zwiebel, fein gehackt*
*400 ml/4 dl Milch*
*160 g Goldhirse*
*1 TL Gemüsebrüheextrakt/*
*Gemüsebouillonextrakt*
*1 Ei, verquirlt*
*100 g Greyerzerkäse, gerieben*
*100 g/1 dl Sahne/Rahm*
*Muskatnuß*
*Pfeffer aus der Mühle*
*wenig Butter für das Blech*

ca. 425 kcal pro Portion

**1.** Zwiebeln kurz dünsten. Mit der Milch ablöschen. Hirse und Gemüsebrühe beigeben. Unter Rühren aufkochen. 15 Minuten garen. 10 bis 20 Minuten nachquellen lassen.

**2.** Ei, Käse und Sahne mit der Hirse mischen. Abschmecken.

**3.** Backblech einbuttern. Getreidemasse ca. 2 cm dick auf dem Blech ausstreichen. Erkalten lassen.

**4.** Mit einem Ausstecher Mondsicheln oder runde Plätzchen ausstechen.

**5.** Beidseitig goldbraun braten. Heiß servieren.

Abbildung links

## Körniger Vollreis – Grundrezept

*250 g Langkorn-Vollreis*
*600 ml/6 dl Wasser*
*Salz*

230 kcal pro Portion

**1.** Reis und Wasser aufkochen. 30 bis 40 Minuten auf kleinster Energiestufe garen. Nach 20 Minuten würzen. Ohne Deckel 10 Minuten auf der ausgeschalteten Herdplatte trocknen lassen. Reis mit einer Gabel lockern.

**Grundregel:** 1 Teil Reis auf 2 bis 2½ Teile Wasser. Das heißt: 1 Tasse Reis auf 2 bis 2½ Tassen Wasser. Oder 125 g Reis auf 250 ml bis 300 ml Wasser (2,5 dl bis 3 dl).

## Nudeln an Gorgonzolasauce

*320 g Nudeln*
*2 TL Salz*

*Sauce*
*200 g/2 dl Sahne/Rahm*
*150 g Gorgonzola, grob zerbröckelt*
*1 EL Zitronensaft*
*50 g Wal-/Baumnüsse, gehackt*
*4–6 Salbeiblätter, gehackt*
*2 EL Cognac*
*Salz*
*Pfeffer aus der Mühle*

ca. 665 kcal pro Portion

**1.** Sahne aufkochen. Gorgonzola in der Sahne auflösen. Wenig eindicken lassen. Zitronensaft, Walnüsse, Salbei und Cognac in die Pfanne geben. Abschmecken.

**2.** Nudeln in reichlich Salzwasser al dente kochen.

**3.** Gut abgetropfte Teigwaren in die heiße Sauce geben. Sofort servieren.

Abbildung unten

## Spaghetti an Artischocken-Räucherlachssauce

*400 g Spaghetti*

*Sauce*
*100 g Artischockenherzen, gewürfelt*
*200 g/2 dl Sahne*
*100 ml/1 dl Milch*
*2 EL Wermut*
*150 g Räucherlachs, in Streifen*
*1 Zitrone, abgeriebene Schale*
*Pfeffer aus der Mühle*
*1 Bund Dill, fein gehackt*

ca. 660 kcal pro Portion
**1.** Teigwaren al dente kochen. Abgießen und mit kaltem Wasser abschrecken.
**2.** Sahne, Milch und Wermut aufkochen. Artischockenherzen beigeben. Sauce solange köcheln, bis sie sämig ist.
**3.** Restliche Zutaten samt Spaghetti zur Sauce geben. Erwärmen. Nach Belieben würzen.

Abbildung unten

## Couscous im Gemüsering

*200 g Couscous**
*½ l schwache Gemüsebrühe/-bouillon*

*Gemüsemischung*
*200 g Zucchini*
*200 g Auberginen*
*200 g Möhren/Karotten*
*200 g weißer Rettich*
*200 g grüner oder gelber Gemüsepaprika/Peperoni*
*1 große Zwiebel, fein gehackt*
*400 g Tomaten*
*2 Knoblauchzehen, gepreßt*
*2 EL Tomatenmark/-püree*
*1 TL Koriander, gemahlen*
*1 EL Rosmarinnadeln, gehackt*
*1 EL Thymian, gehackt*
*Pfeffer aus der Mühle*

ca. 230 kcal pro Portion
**1.** Couscous und Gemüsebrühe aufkochen. 5 bis 10 Minuten kochen. 10 bis 20 Minuten nachquellen lassen.
**2.** Zucchini, Auberginen, Möhren und weißen Rettich in mundgerechte Stücke schneiden. Gemüsepaprika entkernen und in nicht zu große Quadrate schneiden. Tomaten in heißes Wasser tauchen, Stielansatz kreisförmig herausschneiden, häuten, je nach Größe vierteln oder achteln.
**3.** Zwiebeln in einem genügend großen Topf anschwitzen. Das Gemüse, außer den Tomaten, beifügen und 15 Minuten dünsten.
**4.** Tomaten, Knoblauch und Tomatenmark zum Gemüse geben. Abschmecken. Weitere 15 Minuten dünsten.
**5.** Das Gemüse ringförmig in einer großen Schüssel anrichten. Couscous mit einer Gabel lockern und in die Mitte geben.

***Couscous:** In Wasser gekochter, getrockneter und anschließend zerkleinerter Hartweizen, relativ klein und grießförmig.

**Tip:** Mit gehackter Pfefferminze oder glattblättriger Petersilie abschmecken.

## Gemüsestrudel

*250 g Weizen- oder Dinkelvollkornmehl*
*½ TL Salz*
*4 EL Öl*
*100 ml/1 dl Wasser*

*Füllung*
*600 g Saisongemüse (z.B. Möhren/*
*Karotten, Fenchel, Porree/Lauch usw.),*
*fein geschnitten*
*150 g Gouda oder Greyerzerkäse, klein*
*gewürfelt*
*3 EL Crème fraîche*
*2 Eier*
*3 EL Semmelbrösel/Paniermehl*
*2 EL Thymian, fein gehackt*
*1 Bund Petersilie, fein gehackt*
*Salz*
*Pfeffer aus der Mühle*
*20 g flüssige Butter*
*2 EL Mandeln, gemahlen*
*1 Eiweiß*
*1 Eigelb*

für 5 Personen
ca. 500 kcal pro Portion

**1.** Mehl, Salz, Öl und Wasser rasch zu einem geschmeidigen, glatten Teig kneten. 30 Minuten in Klarsichtfolie eingepackt im Kühlschrank ruhen lassen.

**2.** Saisongemüse knackig dünsten. Auskühlen lassen.

**3.** Käse, Crème fraîche, Eier, Semmelbrösel, Kräuter und Gewürze vermengen.

**4.** Teig zu einem möglichst dünnen Rechteck ausrollen. Mit der Butter (ohne Teigränder) bestreichen und den Nüssen bestreuen.

**5.** Die Gemüsefüllung auf dem Teig verteilen, dabei auf allen Seiten einen ca. 3 cm breiten Rand freilassen.

**6.** Das Eiweiß verquirlen. Teigrand damit einpinseln.

**7.** Längsseiten einschlagen. Strudel mit Hilfe eines Tuches von der schmalen Seite her aufrollen. Mit dem Teigende nach unten auf ein mit Backpapier belegtes Blech legen.

**8.** Mit dem Eigelb bepinseln und im Backofen bei 200 Grad ca. 45 Minuten backen.

**Tip:** Gemüsestrudel mit einer italienischen Tomatensauce servieren.

## Hirse-Gemüse-Ring

*½ l Gemüsebrühe/-bouillon*
*250 g Goldhirse*
*1 Zwiebel, fein gehackt*
*100 g Möhren/Karotten, fein gewürfelt*
*100 g Zucchini, fein gewürfelt*
*100 g Auberginen, fein gewürfelt*
*1 TL Curry*
*1 TL Paprikapulver, edelsüß*
*Pfeffer aus der Mühle*
*1 EL Petersilie, fein gehackt*
*Salz*
*wenig Butter für die Form*

ca. 245 kcal pro Portion
**1.** Gemüsebrühe und Goldhirse aufkochen. 10 bis 15 Minuten kochen. 10 bis 20 Minuten nachquellen lassen.
**2.** In einem zweiten Topf die Zwiebeln anschwitzen. Das Gemüse dazugeben und mitdünsten. Mit Curry, Paprikapulver und Pfeffer würzen. Das Gemüse zugedeckt 15 Minuten knackig garen.
**3.** Hirse, Gemüse und Petersilie mischen. Mit Pfeffer und wenig Salz abschmecken.
**4.** Die heiße Getreide-Gemüse-Mischung in einen gefetteten Reisring oder in eine Frankfurter-Kranz-Form füllen. Gut andrücken. Nach einigen Sekunden auf eine vorgewärmte Platte stürzen.

**Tip:** Mit einer Tomatensauce und einem knakkigen Salat servieren.

## Grünkernknödel

*150 g Grünkernschrot*
*250 ml/2,5 dl Gemüsebrühe/-bouillon*
*Muskatnuß*
*1 Ei*
*1 EL Liebstöckel/Maggikraut, gehackt*
*1 EL Salbei, gehackt*
*1 EL Petersilie, gehackt*
*Pfeffer aus der Mühle*
*Salz*

ca. 145 kcal pro Portion
**1.** Brühe und Grünkernschrot aufkochen. Mit Muskatnuß würzen. 5 bis 10 Minuten garen. 10 bis 20 Minuten nachquellen lassen.
**2.** Ausgekühlte Masse mit Ei und Kräutern mischen. Mit Salz und Pfeffer würzen.
**3.** Mit angefeuchteten Händen 8 kleine Knödel formen.
**4.** Knödel über Dampf (mit Dampfeinsatz) ca. 20 Minuten garziehen lassen.

**Tip:** Mit einer Sauce-Bolognese servieren.

## Frühlingspfanne

*400 ml/4 dl Gemüsebrühe/-bouillon*
*200 g Bulgur\**
*2–3 Zweige Liebstöckel/Maggikraut*
*1 Zwiebel, gehackt*
*500 g frische Champignons, feinblättrig geschnitten*
*1 Knoblauchzehe, gepreßt*
*½ Zitrone, Saft*
*Pfeffer aus der Mühle*
*Salz*
*250 g Spinat*

ca. 185 kcal pro Portion
**1.** Gemüsebrühe aufkochen. Bulgur und Kräuter dazugeben. 5 bis 10 Minuten kochen lassem. Zugedeckt 10 bis 20 Minuten nachquellen lassen. Liebstöckel entfernen.
**2.** Zwiebeln und Champignons unter Rühren anschwitzen. Mit dem Knoblauch, Zitronensaft, Pfeffer und Salz würzen.
**3.** Spinat zu den Champignons geben. Unter Rühren zusammenfallen lassen.
**4.** Bulgur zum Spinat geben. Erhitzen. Mit Pfeffer abschmecken.

**\*Bulgur:** Vorgekochtes Getreideprodukt aus Hartweizen, das getrocknet und anschließend gebrochen wird.

**Tip:** Mit 100 g gewürfeltem Schafskäse abschmecken.

Abbildung rechts

## Ungarischer Krauttopf

*1 Zwiebel, fein gehackt*
*200 g Bulgur*
*2 EL Paprikapulver, edelsüß*
*½ l Gemüsebrühe/-bouillon*

*500 g Weißkohl, in 2 cm breite Streifen*
*geschnitten*
*3 gehäufte EL Tomatenmark/-püree*
*1 TL Kümmel, gemahlen*
*100 g/1 dl Sahne/Rahm*
*Pfeffer aus der Mühle*
*Salz*

ca. 265 kcal pro Portion

**1.** Zwiebeln und Bulgur kräftig dünsten. Mit Paprikapulver würzen. Mit der Gemüsebrühe ablöschen. 20 Minuten garen und 10 Minuten nachquellen lassen.

**2.** Weißkohl und Tomatenmark mischen. Mit dem Kümmel würzen. 25 bis 30 Minuten garen.

**3.** Bulgur und Sahne zum Kraut geben. Gut erwärmen. Mit Pfeffer und Salz abschmecken.

## Pilzrisotto

*400 g Rundkorn-Vollreis*
*800 ml/8 dl schwache Gemüsebrühe/*
*-bouillon*
*250 g Steinpilze, in Scheiben geschniten*
*1 Zwiebel, gehackt*
*1 Knoblauchzehe, gepreßt*
*Salz*
*Pfeffer aus der Mühle*
*30 g Butter*
*5 EL Parmesan, gerieben*
*½ Bund Petersilie, gehackt*

ca. 540 kcal pro Portion

**1.** Reis und Gemüsebrühe aufkochen. 30 Minuten garen. 10 bis 20 Minuten nachquellen lassen.

**2.** Zwiebeln und Knoblauch dünsten. Steinpilze dazugeben und ca. 5 Minuten mitdünsten. Würzen.

**3.** Reis und Pilze mischen. Butter beigeben. Erwärmen. Parmesan darunterrühren. Mit Petersilie bestreuen.

## Muscheln mit Gemüsejulienne

*150 g Muscheln, ohne Schale*
*1 Schalotte, fein gehackt*
*1 Knoblauchzehe, fein gehackt*
*100 g Zucchini, in feinen Stäbchen*
*150 g Möhren/Karotten, in feinen*
*Stäbchen*
*1 TL Tomatenmark/-püree*
*100 ml/1 dl trockener Weißwein*
*100 ml/1 dl Fischbrühe/-fond (Rezept*
*Seite 100) oder Gemüsebrühe/-bouillon*
*100 g/1 dl Sahne/Rahm*
*1 EL Crème fraîche*
*1 EL Kräuter, fein gehackt*
*Salz, Pfeffer, Cayennepfeffer*
*1 Bund Schnittlauch, fein geschnitten*

ca. 155 kcal pro Portion
**1.** Schalotten und Knoblauch dünsten. Gemüsestäbchen und Tomatenmark beigeben und mitdünsten. Mit dem Wein und der Brühe ablöschen. Um 1/4 bis 1/3 einreduzieren.
**2.** Muscheln und Sahne zum Gemüse geben. Einige Minuten köcheln lassen.
**3.** Crème fraîche und Kräuter beigeben. Erwärmen. Würzen. Mit dem Schnittlauch bestreuen.

Abbildung unten

## Getreiderisotto mit grünen Bohnen

*200 g Weizenkörner*
*1/2 l Wasser*
*2 Zweige Bohnenkraut*
*2 Zwiebeln, fein gehackt*
*500 g grüne Bohnen, je nach Größe*
*halbiert oder klein geschnitten*
*Salz*
*1 Eigelb*
*3 EL Sahne/Rahm*
*1–2 EL Petersilie, gehackt*
*Muskatnuß*
*Pfeffer aus der Mühle*

ca. 250 kcal pro Portion
**1.** Weizen im Wasser über Nacht einweichen.
**2.** Weizen im Einweichwasser samt Bohnenkraut 30 bis 45 Minuten garen. 10 bis 20 Minuten nachquellen lassen.
**3.** Zwiebeln dünsten. Bohnen dazugeben. Knackig garen. Würzen.
**4.** Weizen und Bohnen mischen. Eigelb und Sahne dazugeben. Gut mischen. Mit der Petersilie, Muskatnuß und nach Belieben mit Pfeffer würzen.

## Pesto alla Genovese

*400 g Lasagnette (in ital. Fachgeschäften)*
*oder Nudeln*

*Sauce*
*2 EL Pinienkerne, geröstet*
*1 Bund Basilikum*
*1/2 Bund Oregano*
*2 Knoblauchzehen, gehackt*
*100 g Parmesan, grob zerbröckelt*
*5 EL bestes (kaltgepreßt) Olivenöl*
*Salz*
*Pfeffer aus der Mühle*

ca. 305 kcal pro Portion
**1.** Grobe Basilikum- und Oreganostiele entfernen.
**2.** Pinienkerne, Kräuter, Knoblauch, Parmesan und Öl im Mixerglas nicht zu fein pürieren. Die Sauce soll noch Struktur haben. Abschmecken.
**3.** Teigwaren in reichlich Salzwasser al dente kochen. Mit der Pestosauce mischen.

**Tip:** Die Pestosauce kann in Schraubgläsern, mit einigen Tropfen Öl bedeckt, problemlos einige Tage kühl gelagert werden.

Abbildung rechts

## Basilikum-Spaghetti

*400 g Spaghetti*

*Sauce*
*50 g Pinienkerne*
*2 Bund Basilikum*
*4 Knoblauchzehen, fein gehackt*
*250 ml/2,5 dl Gemüsebrühe/-bouillon*
*100 g Pecorino (ital. Schafskäse) oder*
*Parmesan, gerieben*
*Pfeffer aus der Mühle*

ca. 535 kcal pro Portion
**1.** Spaghetti in reichlich Salzwasser al dente kochen.
**2.** Pinienkerne ohne Fettstoff rösten. Den Knoblauch zufügen. Sorgfältig dünsten. Mit der Brühe ablöschen.
**3.** Basilikumblätter ablesen und hacken. Zur Brühe geben. Würzen.
**4.** Abgetropfte Spaghetti mit der Sauce mischen.
**5.** Mit dem Käse bestreuen und sofort servieren.

**Tips:** Als Garnitur passen hier farblich sehr gut rote oder gelbe Cherrytomaten.

Abbildung auf dem Kapiteltitel Seite 63

## Grünkern-Gemüse-Auflauf

*200 g Grünkern*
*½ l Wasser*
*1 EL Paprikapulver, edelsüß*
*Salz*
*1 Knoblauchzehe, gepreßt*
*250 g Möhren/Karotten, in feinen Streifen*
*250 g Porree/Lauch, in feinen Streifen*
*1 TL Koriander, gemahlen*
*2 Eier*
*150 g Emmentaler, gerieben*
*200 g saure Sahne/Sauerrahm*
*2 EL Petersilie, gehackt*
*Pfeffer aus der Mühle*
*Muskatnuß*
*wenig Butter für die Form*

ca. 470 kcal pro Portion
**1.** Grünkern über Nacht im Wasser einweichen.
**2.** Knoblauch kurz dünsten. Körner samt Einweichwasser dazugeben. 20 bis 30 Minuten garen. 15 bis 30 Minuten nachquellen lassen. Mit Salz und Paprika würzen.
**3.** Möhren, Porree und Koriander in einem zweiten Topf ca. 15 Minuten dünsten.
**4.** Eier, Käse, Sahne und Petersilie verrühren. Würzen.
**5.** Grünkern, Eierguß und Gemüse mischen. In eine mit Butter ausgestrichene Ofenform füllen. Auflauf im vorgeheizten Ofen bei 180 bis 200 Grad 30 Minuten backen.

## Polenta

*250 g Bramatamais*
*1 l Wasser*
*1 EL Salz*
*wenig Butter*

ca. 190 kcal pro Portion
**1.** Mais, Wasser und Salz aufkochen. 50 bis 60 Minuten unter häufigem Rühren garen (setzt auf dem Pfannenboden gerne an).
**2.** Eine flache, große Schüssel mit kaltem Wasser ausspülen. Maisbrei einfüllen und glattstreichen. Einige Stunden zugedeckt ruhen lassen.
**3.** Polenta in Stücke schneiden. In einem mit wenig Butter ausgeriebenem Brattopf beidseitig braten.

## Hirsekugeln auf Tomatensauce

*300 g Goldhirse*
*¾ l schwache Gemüsebrühe/-bouillon*
*1 Zwiebel, fein gehackt*
*1 Knoblauchzehe, gepreßt*
*2 kleine Eier*
*100 g Käse, gerieben, z.B. Greyerzerkäse*
*1 Bund Petersilie, gehackt*
*1 Bund Schnittlauch, fein geschnitten*
*Pfeffer aus der Mühle*
*Salz*

*Sauce*
*1 kg Tomaten, gehäutet, Stielansatz entfernt, gewürfelt*
*500 g Champignons, feinblättrig geschnitten*
*Salz*
*Pfeffer aus der Mühle*
*3 EL Weißwein*
*100 g/1 dl Sahne/Rahm*

ca. 555 kcal pro Portion
**1.** Gemüsebrühe und Goldhirse aufkochen. 10 bis 15 Minuten garen. 10 bis 20 Minuten nachquellen lassen.
**2.** Knoblauch, Eier, Käse, Kräuter und Gewürze mit der ausgekühlten Hirse mischen. Mit nassen Händen kleine Kugeln formen.
**3.** Tomaten und Champignons 20 Minuten dünsten, bis die Tomaten zusammengefallen sind. Sauce würzen. Mit dem Weißwein und der Sahne verfeinern.
**4.** Hirsekugeln zur Sauce geben. Zugedeckt auf kleinstem Feuer 15 Minuten garziehen lassen.

# Fisch und Meeresfrüchte

Flunderfilet mit Sommergemüse, Rezept Seite 83

## Fischröllchen an Dillsauce

*8 Schollenfilets*
*1 Zitrone, Saft*
*weißer Pfeffer aus der Mühle*
*Salz*
*½ Bund frischer Dill, gezupft*
*150 ml/1,5 dl Fischbrühe/-fond*
*(Rezept Seite 100)*

*Dillsauce*
*1 Eigelb*
*100 g/1 dl Sahne/Rahm*
*½ Bund frischer Dill, gehackt*
*Salz*
*Pfeffer aus der Mühle*

ca. 290 kcal pro Portion
**1.** Schollenfilets mit dem Zitronensaft beträufen. 30 Minuten marinieren.
**2.** Fischfilets mit Salz und Pfeffer würzen. Gezupften Dill auf die Fischfilets verteilen. Filets satt rollen. Mit Zahnstochern fixieren.
**3.** Schollenfilets in der Fischbrühe 5 bis 8 Minuten pochieren. Filets warm stellen.
**4.** Fischfond auf die Hälfte einreduzieren. Eigelb und Sahne beigeben. Unter kräftigem Rühren vor den Kochpunkt bringen. Dill beigeben. Sauce abschmecken.

## Schellfisch in Tomatensauce

*4 Scheiben Schellfisch (Koteletten)*
*1 Zitrone, Saft*
*Salz*
*Pfeffer aus der Mühle*
*50 g Schinkenspeck, gewürfelt*
*2 große Zwiebeln, fein gehackt*
*500 g Tomaten, gehäutet, Stielansatz*
*entfernt, gewürfelt*
*Salz*
*Pfeffer aus der Mühle*
*Paprikapulver*
*½ Bund Petersilie, gehackt*

ca. 275 kcal pro Portion
**1.** Schellfisch mit dem Zitronensaft beträufeln. 30 Minuten marinieren. Mit Salz und Pfeffer würzen.
**2.** Schinkenspeck und Zwiebeln braten. Tomaten beigeben. 10 bis 15 Minuten garen. Sauce abschmecken.
**3.** Fischscheiben in die Tomatensauce legen. 10 Minuten garen.
**4.** Mit der Tomatensauce auf vorgewärmten Tellern einen Spiegel machen. Schellfisch anrichten. Petersilie darüberstreuen.

Abbildung: Fischröllchen

## Rotzunge auf Sauerkraut

*8 Rotzungenfilets, ca. 500 g, oder andere
Fischsorte
800 g Sauerkraut
1 Zwiebel, fein gehackt
1 Stück Ingwer, 2 cm lang, fein gehackt
2 Äpfel, klein gewürfelt
Salz
Pfeffer aus der Mühle
1 EL Ingwermarmelade, fakultativ
4 EL Crème fraîche*

ca. 180 kcal pro Portion

**1.** Zwiebeln und gehackten Ingwer dünsten. Sauerkraut und Apfelwürfelchen beigeben. 20 Minuten garen.

**2.** Fischfilets in einer mit Öl ausgepinselten Pfanne beidseitig 5 Minuten braten. Würzen.

**3.** Das Sauerkraut mit der Crème fraîche und der Ingwermarmelade verfeinern. Nach Belieben würzen.

**4.** Die Fischfilets auf dem Sauerkraut anrichten.

## Sautierte Scampi

*500 g große Scampi, ausgelöst
2 Knoblauchzehen, fein gehackt
1 Frühlingszwiebel, in feinen Ringen
1 gelbe Chilischote/Pfefferschote, fein
gewürfelt
1 roter Gemüsepaprika/Peperoni, fein
gewürfelt
1 TL Rosmarin, fein gehackt
1/2 TL Fenchelpulver
Pfeffer aus der Mühle
2 EL trockener Sherry*

ca. 510 kcal pro Portion

**1.** Knoblauch, Frühlingszwiebeln, Chilischote und Gemüsepaprika 10 Minuten dünsten. Mit Rosmarin, Fenchelpulver und Pfeffer abschmecken.

**2.** Scampi und Sherry in die Pfanne geben. Ca. 5 Minuten garen.

Abbildung oben

## Kabeljau im Gemüsebeet

*4 Kabeljau-/Dorschfilets zu 200 g*
*½ Zitrone, Saft*
*2 EL Worcestersauce*
*400 g Zucchini, in 1 cm dicken Streifen*
*1 Zwiebel, gehackt*
*1 Knoblauchzehe, gepreßt*
*4–8 schwarze Oliven, halbiert, entsteint,*
*kleingeschnitten*
*1 EL Thymian, fein gehackt*
*2 EL Petersilie, fein gehackt*
*Salz*
*Pfeffer aus der Mühle*

ca. 190 kcal pro Portion
**1.** Kabeljaufilets mit dem Zitronensaft und der Worcestersauce marinieren.
**2.** Zucchini, Zwiebeln, Knoblauch, Oliven und Kräuter 10 Minuten dünsten.
**3.** Fischfilets auf das Gemüse legen. 10 bis 15 Minuten garen.

**Tip:** Auch andere Salzwasserfische wie Scholle, Steinbutt oder Meerforelle eignen sich für dieses Rezept.

## Chinakohlrouladen

*400 g Schollen- oder Flunderfilets,*
*in feinen Streifen*
*8 große Chinakohlblätter*
*2 Knoblauchzehen, in Scheiben*
*2 getrocknete Chilischoten/Pfefferschoten,*
*zerkleinert*
*wenig Schnittlauch, fein geschnitten*
*einige Pfefferkörner*
*½ TL Kurkuma/Gelbwurz*
*4 EL Kokosnußcreme\**
*1 Ei*
*2 EL Fischbrühe/-fond (Rezept Seite 100)*
*2 EL Koriander, fein gehackt*
*2 Frühlingszwiebeln, fein gehackt*
*300 ml/3 dl Gemüsbrühe/-bouillon*

ca. 185 kcal pro Portion
**1.** Chinakohl im Dampfeinsatz knackig garen. Grobe weiße Teile wegschneiden und anderweitig verwenden.
**2.** Knoblauch, Chilischoten und Pfefferkörner mit einem Mörser zerstossen. Schnittlauch und Kurkuma dazugeben.
**3.** Kokosnußcreme, Ei, Fischbrühe und zerstossene Gewürze verrühren. Mit den Fischstreifen vermengen.

**4.** Fischfüllung gleichmäßig auf die Kohlblätter verteilen. Koriander und Frühlingszwiebeln darüberstreuen. Vorsichtig einpacken. Mit Bindefaden fixieren.
**5.** Gemüsebrühe erhitzen. Chinakohlrouladen in den Dampfeinsatz legen. Ca. 30 Minuten garen.

*__Kokosnußcreme:__ Kompakter Block, den man raspelt oder kleinschneidet und mit wenig Wasser oder Gemüsebrühe glattrührt. Kurzes Erhitzen erleichtert die Arbeit.

Abbildung links

## Eglifilet an Champagnersauce

*500 g Eglifilets (Flußbarsch)*
*2 EL Zitronensaft, frisch gepreßt*
*Salz*
*weißer oder rosa Pfeffer aus der Mühle*

*Champagnersauce*
*200 ml/2 dl Fischbrühe/-fond*
*(Rezept Seite 100)*
*4 EL Champagner rosé*
*1 EL rosa Pfefferkörner*
*100 g Crème fraîche*

ca. 245 kcal pro Portion
**1.** Fischfilets mit dem Zitronensaft beträufeln. Mit Salz und Pfeffer würzen.
**2.** Fischbrühe aufkochen. Eglifilts in die Brühe (darf nicht kochen) legen. 5 Minuten pochieren (garen). Filets aus der Brühe nehmen. Warm stellen.
**3.** Brühe auf die Hälfte einreduzieren. Champagner, Pfefferkörner und Crème fraîche zum Fond geben. Aufkochen. Abschmecken.
**4.** Sauce über die Fischfilets verteilen und sofort servieren.

**Tip:** Champagner rosé durch weißen Champagner, Weiß- oder Roséwein ersetzen.

Abbildung rechts

## Überbackener Seelachs

*4 Scheiben Seelachsfilets, je 150 g*
*2 EL Worcestersauce*
*Pfeffer aus der Mühle*
*2 EL Butter, flüssig*
*2 Scheiben Vollkorntoast, ohne Rinde,*
*fein zerstossen*
*wenig Brunnenkresse, als Granitur*

ca. 210 kcal pro Portion
**1.** Seelachsfilets mit der Worcestersauce und dem Pfeffer würzen. 30 Minuten marinieren.
**2.** Fischfilets ca. 5 Minuten dünsten.
**3.** Eine ofenfeste Form mit wenig Butter auspinseln. Seelachsfilets in die Form geben. Mit den Brotbröseln bestreuen und der restlichen Butter beträufeln. Im vorgeheizten Ofen bei 220 Grad kurz überbacken.
**4.** Seelachs mit Brunnenkresse garnieren.

## Thunfisch mit Limonensauce

*4 Scheiben Thunfisch, je 150 g*
*1 Limone, Saft und Zesten*
*4 EL Crème fraîche*
*1 TL milder Senf*
*Salz*
*Pfeffer aus der Mühle*
*1 Limone, in Scheiben, als Garnitur*

ca. 405 kcal pro Portion
**1.** Für die Sauce Crème fraîche, Senf und Limonensaft verrühren. Zesten beigeben. Mit Salz und Pfeffer abschmecken.
**2.** Thunfisch beidseitig je 3 bis 5 Minuten braten.

## Lachsfilets auf roter Sauce

*4 Scheiben Lachsfilets*
*2 EL Zitronensaft*
*Pfeffer aus der Mühle*
*2 EL Zitronenthymian, fein gehackt*
*4 Zweige Zitronenthymian, als Garnitur*

*Sauce*
*2 Knoblauchzehen, gepreßt*
*100 ml/1 dl Fischbrühe/-fond*
*(Rezept Seite 100)*
*2 EL Rote Bete-/Randensaft*
*2 EL Crème fraîche*
*Pfeffer aus der Mühle*
*Salz*

ca. 340 kcal pro Portion
**1.** Lachsscheiben mit Zitronensaft, Pfeffer und dem gehackten Zitronenthymian marinieren.
**2.** Lachs 10 bis 15 Minuten dünsten.
**3.** Für die Sauce den Knoblauch kurz dünsten. Mit der Fischbrühe ablöschen. Wenig einreduzieren. Rote-Betesaft und Crème fraîche beigeben. Abschmecken.
**4.** Mit der Sauce auf die vorgewärmten Teller einen Spiegel machen. Lachsschnitten darauf anrichten. Mit dem Zitronenthymian garnieren.

## Gebratene Lachsscheiben

*4 Lachsscheiben, je 250 g*
*einige Petersilienstiele, zerstossen*

*Marinade*
*2 EL Champagner, brut, oder*
*2 EL Weißwein*
*2 EL Zitronensaft*
*1 EL Dill, fein gehackt (einige Spitzen für*
*die Garnitur beiseite legen)*
*Worcestersauce*
*weißer Pfeffer aus der Mühle*

ca. 505 kcal pro Portion
**1.** Lachsscheiben mit Küchenpapier trockentupfen. Mit der Marinade einstreichen. Lachsscheiben stapeln. Petersilienstengel dazwischen legen. 30 bis 60 Minuten marinieren.
**2.** Petersilienstiele entfernen.
**3.** Ofen auf 250 Grad vorheizen. Lachsscheiben in eine ofenfeste Form oder in ein Backblech legen. Bei gleichbleibender Temperatur beidseitig 5 bis 10 Minuten grillen.

## Fischpfanne

*200 g Kalmares (Tintenfisch), in Ringen*
*200 g Garnelen, ausgelöst*
*1 kg Miesmuscheln samt Schalen*
*400 g festfleischiger Fisch,*
*z.B. Schwertfisch, in Stücken*
*2 Schalotten, in feinen Ringen*
*1 Knoblauchzehe, gepreßt*
*2 Tomaten, gehäutet, Stielansatz entfernt,*
*entkernt, in Würfelchen*
*1 Chilischote/Pfefferschote, entkernt,*
*sehr fein gehackt*
*1 EL Cognac*
*150 ml/1,5 dl trockener Weißwein*
*100 ml/1 dl Fisch- (Rezept Seite 100) oder*
*Hühnerbrühe/-bouillon*
*1 Lorbeerblatt*
*einige Safranfäden*
*Salz, Pfeffer aus der Mühle*
*1 EL Majoran, fein gehackt*
*1 EL Petersilie, fein gehackt*
*2 EL Zitronensaft*

ca. 475 kcal pro Portion

**1.** Offene Muscheln wegwerfen. Muscheln unter fließend kaltem Wasser mit einer Bürste säubern. Bärte entfernen. Über Dampf solange garen, bis sich die Schalen öffnen. Muscheln mit geschlossener Schale wegwerfen.

**2.** Schalotten und Knoblauch dünsten. Kalmares beigeben und mitdünsten. Tomaten und Chilischoten in die Pfanne geben. 5 Minuten dünsten. Mit dem Cognac und Weißwein ablöschen. Auf die Hälfte einreduzieren. Brühe,

Lorbeerblatt und Safranfäden dazugeben.

**3.** Fischpfanne vorsichtig würzen, da die Meeresfrüchte salzig sind. Mit den Kräutern und dem Zitronensaft verfeinern.

**4.** Am Schluß die Fischstücke, dann die Garnelen und die Miesmuscheln behutsam zufügen. Ca. 5 Minuten garen. Nach Belieben nochmals abschmecken.

Abbildung oben

## Langusten mit Papaya

*4 Langustenschwänze, ausgelöst*
*8 Scheiben Frühstücksspeck*
*2 Schalotten, fein gehackt*
*1 Knoblauchzehe, fein gehackt*
*1 cm frischer Ingwer, fein gerieben*
*2 Papayas, geschält, halbiert, entkernt,*
*gewürfelt*
*6 EL trockener weißer Wermut*
*Salz*
*weißer Pfeffer aus der Mühle*

ca. 275 kcal pro Portion
**1.** Langustenschwänze halbieren. Mit je einer Speckscheibe umwickeln.
**2.** Langusten rundum gut braten. Warm stellen.
**3.** Schalotten, Knoblauch, Ingwer und Papaya ca. 5 Minuten dünsten. Wermut beigeben. Erhitzen. Mit Salz und Pfeffer abschmecken.

## Karpfen auf Meerrettichschaum

*1 Karpfen, küchenfertig, ca. 1,2 kg*
*2 Zwiebeln, in Ringen*
*200 ml/2 dl Weißwein*
*2 EL Weißweinessig*
*Pfefferkörner*

*Sauce*
*3 TL Meerrettich, frisch gerieben*
*200 g saure Sahne/Sauerrahm*
*1 Prise Zucker*
*Salz*
*Pfeffer aus der Mühle*
*1 Bund Schnittlauch, fein geschnitten*

ca. 315 kcal pro Portion
**1.** Karpfen in 8 Stücke zerlegen, dabei die Hauptgräten entfernen. Die Haut der Karpfen mehrmals in gleicher Richtung leicht einritzen.
**2.** Zwiebeln zusammen mit den Pfefferkörnern im Weißwein und Weinessig dünsten.
**3.** Karpfen mit der Hautseite unten auf die Zwiebeln legen. Zugedeckt ca. 20 Minuten garen.
**4.** Meerrettich und saure Sahne verrühren. Mit Zucker, Salz und Pfeffer abschmecken.
**5.** Karpfen und Zwiebeln anrichten. Mit dem Schnittlauch garnieren. Meerrettichsauce separat servieren.

**Tip:** Eine harmonische Beilage sind Rote-Bete/Randen. Diese schälen, in Stäbchen schneiden und dünsten.

## Teigwarengratin mit Meeresfrüchten

*200 g breite Nudeln*
*1 Schalotte, gewürfelt*
*150 g Krabben*
*150 g Muschelfleisch*
*2 EL Zitronensaft*
*300 g/3 dl Sahne/Rahm*
*100 g Emmentaler, gerieben*
*2 EL Tomatenmark/-püree*
*½ Bund Basilikum*
*Salz*
*Pfeffer aus der Mühle*
*Muskatnuß*
*wenig Butter für die Form*

ca. 575 kcal pro Portion
**1.** Nudeln in reichlich Salzwasser al dente kochen. Abgießen und mit kaltem Wasser abschrecken.
**2.** Schalotten anschwitzen. Krabben, Muscheln und Zitronensaft dazugeben. Anbraten.
**3.** Ofenfeste Form mit wenig Butter ausstreichen.
**4.** Sahne, Käse und Tomatenmark verquirlen. Mit Salz, Pfeffer und Muskatnuß würzen. Feingeschnittenes Basilikum dazugeben.
**5.** Teigwaren, Meeresfrüchte und Sahne mischen. In die Form füllen.
**6.** Meeresfrüchte-Gratin im vorgeheizten Ofen bei 200 Grad 20 bis 25 Minuten backen.

Abbildung rechts

## Flunderfilet mit Sommergemüse

*500 g Flunderfilets*
*2 EL trockener Weißwein*
*1 EL frischer Zitronensaft*
*½ Bund Petersilie, fein gehackt*
*Pfeffer aus der Mühle*
*3 EL Pinienkerne*
*1 Zwiebel, fein gehackt*
*1 gelber Gemüsepaprika/Peperoni,*
*halbiert, entkernt, in feinen Streifen*
*2 Zucchini, in feinen Scheiben*
*1 kleine Aubergine, halbiert, in feinen*
*Scheiben*
*2 Tomaten, gehäutet, Stielansatz entfernt,*
*in Vierteln oder Achteln*
*8 schwarze Oliven, halbiert, entsteint*
*1 Zweig Basilikum*

ca. 140 kcal pro Portion

**1.** Weißwein, Zitronensaft, Pfeffer und Petersilie verrühren. Fischfilets damit marinieren.

**2.** Pinienkerne rösten. Auf die Seite stellen.

**3.** Zwiebeln, Gemüsepaprika, Zucchini und Auberginen knackig dünsten. Am Schluß Tomaten und Oliven beigeben und mitdünsten. Mit Salz und Pfeffer abschmecken.

**4.** Flunderfilets im gleichen Topf wie die Pinienkerne beidseitig braten.

**5.** Gemüse und Fischfilets auf warme Teller anrichten. Mit den Pinienkernen und dem feingeschnittenen Basilikum garnieren.

**Tip:** Auch Seezunge, Scholle oder Seelachs eignen sich für dieses Rezept.

Abbildung auf dem Kapiteltitel Seite 75

## Heilbutt mit Kartoffelkruste

*600 g Heilbuttfilets*
*450 g Kartoffeln*
*1 Zitrone, Saft*
*Pfeffer aus der Mühle*
*2 Eier*
*Muskat*
*Curry*
*Salz*
*1 Msp Cayennepfeffer*
*60 g Greyerzerkäse, gerieben*
*2 kleine Zucchini, grob geraspelt*
*wenig Butter, für die Form*

ca. 350 kcal pro Portion

**1.** Kartoffeln in der Schale garen. Auskühlen lassen. Schälen und grob raspeln.

**2.** Heilbutt mit Zitronensaft beträufeln. Mit Pfeffer würzen. 30 Minuten marinieren.

**3.** Eier und Gewürze verquirlen. Mit dem Käse, den Zucchini und Kartoffeln mischen. Nach Belieben nachwürzen.

**4.** Heilbutt beidseitig braten.

**5.** Fischfilets in eine feuerfeste, ausgebutterte Form legen. Kartoffel-Zucchini-Masse auf die Fischfilets streichen.

**6.** Fische im vorgeheizten Ofen bei 200 Grad goldbraun überbacken.

## Seezunge auf Kürbissauce

*4 Seezungenfilets, ca. 400 g*
*2 EL Zitronensaft*
*1 EL trockener weißer Wermut*
*100 ml/1 dl Weißwein*
*3 EL Fischbrühe-/fond (Rezept Seite 100)*
*Pfeffer aus der Mühle*

*Sauce*
*400 g Kürbis, geschält, entkernt, gewürfelt*
*1 große Schalotte, gehackt*
*Pfeffer aus der Mühle*
*Salz*
*1 Msp Muskat*
*1 Msp Paprikapulver*
*4 EL Sahne/Rahm*

ca. 185 kcal pro Portion

**1.** Fischfilets mit Zitronensaft beträufeln. 30 Minuten marinieren. Filets würzen. Aufrollen und mit einem Zahnstocher fixieren.

**2.** Weißwein, Wermut und Fischbrühe aufkochen. Fischrollen in den Sud legen. 10 Minuten pochieren. Fische warm stellen.

**3.** Kürbisfleisch und Schalotten im Fischsud weichdünsten. Sauce pürieren. Sahne dazugeben. Sauce erhitzen und würzen.

**4.** Mit der heißen Sauce auf vorgewärmten Tellern einen Spiegel machen. Fischrollen daraufsetzen.

# Fleisch und Geflügel

Kalbsstreifen an Currysauce, Rezept Seite 90

## Rinderroulade mit Pilzfüllung

*4 große Rinderschnitten, z.B. von der
Oberschale/Hüfte
100 g Shiitakepilze, in feinen Streifen
100 g Totentrompeten, in Streifen
100 g Champignons, in feinen Streifen
1 Knoblauchzehe, fein gehackt
1 Zwiebel, fein gehackt
Salz
Pfeffer aus der Mühle
2 TL Senf
4–8 Scheiben Rohschinken
2 Zweige Basilikum, fein geschnitten
200 ml/2 dl Fleischbrühe/-bouillon
150 g Crème fraîche*

ca. 320 kcal pro Portion
**1.** Knoblauch und Zwiebeln gut dünsten. Pilze
beigeben und mitdünsten. Abschmecken.
**2.** Rinderscheiben auf einer Seite mit Senf
einstreichen. Mit dem Schinken belegen. Pilze
und Basilikum darauf verteilen. Fleischscheiben aufrollen. Mit Küchenschnur binden.
**3.** Fleischrouladen kräftig anbraten. Fleischbrühe nach und nach dazugießen. 45 Minuten
schmoren.
**4.** Rinderrouladen warm stellen. Crème fraîche unter die Sauce rühren und sämig einköcheln lassen. Nach Belieben nachwürzen.
Fleischrouladen in der Sauce gut erwärmen.
**5.** Mit der Sauce auf vorgewärmten Tellern
einen Spiegel machen. Rouladen aufschneiden
und anrichten.

Abbildung rechts unten

## Lammkeule

*1,5 kg Lammkeule/Gigot
1 TL Tomatenmark/-püree
200 ml/2 dl Rotwein
1 kleine Möhre/Karotte, grob gewürfelt
1 kleine Zwiebel, halbiert
3 Zweige Rosmarin
4 EL Sahne/Rahm*

*Marinade
2 EL mittelscharfer Senf
2 Knoblauchzehen, gepreßt
3 EL Rotwein
1 EL Rotweinessig
1 EL Rosmarin, fein gehackt
schwarzer Pfeffer aus der Mühle*

für 6 Personen
ca. 645 kcal pro Portion
**1.** Für die Mariande sämtliche Zutaten verrühren. Lammkeule mit der Marinade einpinseln.
Einige Stunden marinieren.
**2.** Lammkeule von allen Seiten anbraten.
Tomatenmark, Möhren und Zwiebeln beigeben
und kurz mitdünsten. Mit dem Rotwein ablöschen. Rosmarinzweige dazugeben. Zugedeckt
ca. 50 Minuten garen. Keule von Zeit zu Zeit
wenden.
**3.** Keule herausnehmen und warm stellen.
**4.** Sauce passieren. Zusammen mit der Sahne
aufkochen. Abschmecken.
**6.** Lammkeule vom Knochen lösen. Quer zur
Faser tranchieren. Mit der Sauce servieren.

**Tip:** Rosmarinkartoffeln munden ausgezeichnet zu diesem Lammgericht. Rezept Rotkohl
Seite 55.

## Leichtes Filetgulasch

*600 g Rinderfilet, in Streifen*
*1 Zwiebel, fein gehackt*
*1 gelber Gemüsepaprika/Peperoni, in*
*Streifen*
*1 TL Paprikapulver*
*1 TL grobkörniger Senf*
*1 Msp Cayennepfeffer*
*150 ml/1,5 dl Kalbsfond (Rezept Seite 98)*
*oder Fleischbrühe/ bouillon*

ca. 290 kcal pro Portion

**1.** Rinderfilet portionenweise anbraten und warm stellen.

**2.** Im gleichen Topf Zwiebeln und Gemüsepaprika, Paprikapulver, Senf und Cayennepfeffer ca. 5 Minuten dünsten. Mit der Fleischbrühe ablöschen. Auf die Hälfte einreduzieren.

**3.** Das Fleisch zur Sauce geben, erwärmen und sofort servieren.

**Tip:** In Scheiben geschnittene Silberzwiebeln und Gewürzgurken beimischen. Mit Crème fraîche oder Sauerrahm verfeinern.

## Rinderfleisch mit Mango

*600 g Rinderfleisch, Oberschale oder*
*Hüfte, in feinen Scheiben*
*1 reife Mango, geschält, in Scheiben*
*2 EL dunkle Sojasauce*
*2 cm frischer Ingwer, fein gerieben*
*2 Knoblauchzehen, in feinen Scheiben*
*1 EL Maisstärke*
*2 EL Reiswein*
*4 EL dunkle Sojasauce*
*wenig Pfeffer*
*2 EL Sesamsamen, geröstet*

ca. 280 kcal pro Portion

**1.** Das Fleisch mit der Sojasauce (2 EL) beträufeln. 15 Minuten marinieren.

**2.** Fleischscheiben mit dem Ingwer und Knoblauch portionenweise anbraten.

**3.** Maisstärke, Reiswein und Sojasauce gut verrühren, bis die Stärke sich vollständig aufgelöst hat.

**4.** Sesamsamen, Mangoscheiben und Reisweinsauce zum Fleisch geben. 5 Minuten köcheln. Mit Pfeffer würzen.

Abbildung oben

## Ungarisches Gulasch

*500 g Rinderfleisch, gewürfelt in*
*Ragoutgröße*
*500 g Zwiebeln, in feinen Würfeln*
*1 Dose Pelati (400 g)*
*1 roter Gemüsepaprika/Peperoni, halbiert,*
*entkernt, in Streifen*
*100 ml/1 dl Fleischbrühe/-bouillon*
*1–2 TL Paprikapulver*
*Salz*
*Pfeffer aus der Mühle*
*1–2 Pimentkörner*
*3 EL saure Sahne/Sauerrahm*

ca. 250 kcal pro Portion

**1.** Fleisch rundum kräftig anbraten. Zwiebeln dazugeben und Farbe annehmen lassen.

**2.** Bei den Tomaten den Stielansatz entfernen. Früchte mit der Gabel zerdrücken. Zusammen mit dem Gemüsepaprika und mit der Brühe zum Fleisch geben. Würzen. Zugedeckt ca. 45 Minuten garen.

**3.** Vor dem Servieren die saure Sahne mit dem Gulasch vermengen.

**Tip:** Das Gulasch kann auch als nahrhafte Suppe zubereitet werden. In diesem Falle Fleischbrühe auf 600 ml/6 dl erhöhen und 100 ml/1 dl Rotwein beifügen.

## Kalbsfilet im Wirsingmantel

*1 Kalbsfilet, ca. 600 g*
*150 g Kalbsbrät*
*150 g Crème fraîche*
*2 Schalotten, fein gehackt*
*150 g Champignons, halbiert, in feinen*
*Scheiben*
*Salz*
*Pfeffer aus der Mühle*
*1 Wirsing/Wirz, ca. 8 Blatt davon*
*ca. 8 Scheiben Landrauchschinken*
*200 ml/2 dl Gemüsebrühe/-bouillon*
*2 EL Liebstöckel, fein gehackt*
*4 EL Sahne/Rahm*
*1 EL Cognac*

ca. 725 kcal pro Portion

**1.** Wirsingblätter blanchieren. Im Eiswasser abkühlen (Wasser mit Eis). Zum Trocknen auf ein Geschirrtuch legen.

**2.** Kalbsfilet kräftig anbraten. Auskühlen lassen.

**3.** Kalbsbrät und Crème fraîche vermengen.

**4.** Schalotten und Champignons 5 bis 10 Minuten dünsten. Die Flüssigkeit ohne Deckel verdampfen lassen. Mit dem Brät mischen.

**5.** Bei den Wirsingblättern die Mittelrippe wegschneiden. Blätter so auslegen, daß man genügend Fläche zum Einpacken des Filets erhält (die Blätter sollen allseitig gut übereinanderlappen). Wirsing mit einem Teil Landrauchschinken belegen. Einen Teil der Brätmasse darauf ausstreichen. Filet darauflegen. Mit dem restlichen Brät und dem Schinken bedecken. Filet einpacken. Mit einer Küchenschnur vorsichtig binden.

**6.** Wirsingroulade in der Gemüsebrühe auf kleiner Stufe 50 Minuten pochieren.

**7.** Wirsingroulade warm stellen. Garflüssigkeit abseihen. In die Pfanne zurückgeben und auf 100 ml/1 dl einreduzieren. Sahne und Liebstöckel beigeben. Solange köcheln, bis die Sauce sämig ist. Mit dem Cognac abschmekken.

**8.** Roulade in Scheiben schneiden und mit der Sauce servieren.

## Kalbsrollbraten mit Kräutern

*1 kg Kalbsschulter, ohne Knochen*
*1 TL Senf*
*50 g durchwachsener Speck, gewürfelt*
*3 EL gehackte Kräuter, z.B. Oregano,*
*Thymian, Rosmarin*
*Salz*
*Pfeffer aus der Mühle*
*200 g Röstgemüse (Zwiebeln,*
*Knollensellerie, Möhren/Karotten), klein*
*gewürfelt*
*1 EL Tomatenmark/-püree*
*200 ml/2 dl Weißwein*
*200 ml/2 dl brauner Kalbsfond (Rezept*
*Seite 98) oder leichte Bratensauce*
*(Demi-glace)*

für 5 Personen
ca. 320 kcal pro Portion
**1.** Das flache Fleischstück mit Senf einstreichen. Speck und Kräuter darauf verteilen. Würzen. Das Fleisch aufrollen und mit Küchengarn binden.
**2.** Braten rundum kräftig anbraten. Röstgemüse und Tomatenmark dazugeben. Nach 50 Minuten Garzeit den Weißwein dazugeben. Einköcheln lassen. Braten von Zeit zu Zeit wenden. Kalbsfond dazugeben. Ganze Garzeit ca. 80 Minuten.
**3.** Braten warm stellen. Die Sauce einreduzieren und durch ein Sieb passieren.
**4.** Küchengarn lösen. Fleisch tranchieren.
**5.** Mit der Sauce auf die vorgewärmten Teller einen Spiegel machen. Fleisch anrichten.
**6.** Mit Kartoffelgnocchi (Klößchen), Kartoffelpüree oder feinen Nudeln servieren.

Abbildung oben

## Lammragout an Dillsauce

*750 g Lammragout*
*250 g Zwiebeln, klein gewürfelt*
*2 Knoblauchzehen, gehackt*
*2 Lorbeerblatt*
*1 Bund Dill*
*Salz*
*Pfeffer aus der Mühle*
*200 g/2 dl Sahne/Rahm*
*1 Eigelb*
*1 Bund Dill, gehackt*

ca. 445 kcal pro Portion
**1.** Lammragout portionenweise kräftig anbraten. Zwiebeln und Knoblauch zum Fleisch geben und mitdünsten. Lorbeerblätter und Dill zufügen. Würzen. 45 Minuten garen. Lorbeerblätter und Dill entfernen.
**2.** Eigelb und Sahne verquirlen. Zum Fleisch geben. Wenig einköcheln lassen. Abschmekken. Gehackten Dill darüberstreuen.

## Chateaubriand

*700 g Chateaubriand (doppeltes Filet, aus dem Filetmittel- oder Kopfstück)*
*1 Kräutersträußchen, z.B. Petersilie, Rosmarin, Thymian, als Garnitur*

*Marinade*
*2 EL Öl*
*2 EL Rotwein*
*1 EL pikanter Senf*
*1 Msp Paprikapulver*
*1 Msp Curry*
*1 EL Worcestersauce*
*1 TL Rosmarinnadeln, fein gehackt*
*1 TL Thymian, fein gehackt*
*1 Knoblauchzehe, gepreßt*
*schwarzer Pfeffer aus der Mühle*

ca. 330 kcal pro Portion
**1.** Rinderfilet mit der Marinade einpinseln. Bei Zimmertemperatur oder über Nacht im Kühlschrank marinieren.
**2.** Rinderfilet von allen Seiten kräftig anbraten. Bis zur gewünschten Garstufe unter Wenden weiterbraten: saignant/blutig = 8 bis 10 Minuten, medium/halb durchgebraten = 12 bis 15 Minuten, bien cuit/durchgebraten = 20 bis 25 Minuten.
**3.** Filet 5 bis 10 Minuten warm stellen (ruhen lassen).
**4.** Filet in Scheiben schneiden. Mit dem Kräutersträußchen garnieren. Sofort servieren.

## Kaninchenfilet in Rotweinsauce

*400 g Kaninchenfilet, in Streifen*
*1 Zwiebel, fein gehackt*
*2 Knoblauchzehen, gehackt*
*2 EL Honig*
*200 ml/2 dl Rotwein*
*200 g Crème fraîche*
*wenig Tabascosauce*
*1 EL Worcestersauce*
*1 EL Sojasauce*
*Pfeffer aus der Mühle*

ca. 380 kcal pro Portion
**1.** Filetstreifen kurz anbraten, herausnehmen und warm stellen.
**2.** Zwiebeln und Knoblauch in der gleichen Pfanne dünsten. Honig beigeben. Mit dem Rotwein ablöschen. Sauce auf die Hälfte einreduzieren.
**3.** Crème fraîche und Fleisch zur Rotweinsauce geben. Erhitzen. Pikant abschmecken.

## Kalbsstreifen an Currysauce

*600 g Kalbfleisch, von der Huft oder Nuß, in Streifen*
*1 EL Currypulver*
*1 Schalotte, fein gehackt*
*4 EL Ananassaft*
*100 ml/1 dl Weißwein*
*150 g/1,5 dl Sahne/Rahm*
*2 Ananasscheiben, gewürfelt*
*Salz*
*Pfeffer aus der Mühle*
*2 Ananasscheiben, halbiert, für die Garnitur*
*1 Banane, längs halbiert, in 3 cm lange Stücke geschnitten, für die Garnitur*
*1 Kiwi, geschält, quer in Scheiben geschnitten, für die Garnitur*
*1 Kaki, quer in Scheiben geschnitten, halbiert oder geviertelt, für die Garnitur*

ca. 490 kcal pro Portion
**1.** Kalbfleisch portionenweise kurz und kräftig anbraten. Warm stellen.
**2.** Currypulver und Schalotten anschwitzen. Mit dem Ananassaft und dem Weißwein ablöschen. Auf die Hälfte einreduzieren. Sahne und Ananaswürfelchen zur Sauce geben, aufkochen und abschmecken.
**3.** Fleisch zur Sauce geben. Heiß werden lassen. Die Früchte zum Fleisch geben. Zugedeckt ca. 2 Minuten erwärmen.

**Tip:** Die Früchte durch einheimische Saisonfrüchte ersetzen oder ergänzen.

Abbildung auf dem Kapiteltitel, Seite 85

## Kalbsleber mit Salbei

*400 g Kalbsleber, in Streifen*
*1 Schalotte, fein gehackt*
*1 Knoblauchzehe, fein gehackt*
*100 ml/1 dl Weißwein*
*200 g saure Sahne/Sauerrahm*
*wenig Salbei, in feine Streifen geschnitten*
*Salz*
*Pfeffer aus der Mühle*

ca. 240 kcal pro Person

**1.** Leber von allen Seiten kurz braten und warm stellen.

**2.** Schalotten und Knoblauch in der gleichen Pfanne dünsten. Mit dem Weißwein ablöschen. Auf die Hälfte einreduzieren. Saure Sahne dazugeben. Würzen.

**3.** Leberstreifen und Salbei in die Sauce geben. Erwärmen. Sofort servieren.

Abbildung Teller links
Rezept Sauce Bolognese Seite 96

## Gefüllter Schweinsbraten

*1,2 kg Schweinsbraten vom Nierstück*
*100 g getrocknete Aprikosen, halbiert,*
*ca. 1 Stunde im Wasser eingelegt*
*2 EL Orangenlikör (z.B. Grand Marnier)*

*Marinade*
*2 EL Sonnenblumenöl*
*1 EL pikanter Senf*
*Zitronenpfeffer*
*1 Msp Piment*
*1 EL Orangenlikör*
*2 EL Orangensaft*
*1 TL Honig, flüssig*
*1 TL Tabascosauce*

für 6 Personen
ca. 430 kcal pro Portion
**1.** Abgetropfte Aprikosen mit dem Orangenlikör beträufeln.
**2.** Den Braten seitlich bis auf ca. 2 cm einschneiden. Mit den Aprikosen füllen. Mit einer Küchenschnur alle 3 cm abbinden.
**3.** Zutaten für die Marinade gut verrühren. Braten damit einpinseln. 1 bis 2 Stunden marinieren.
**4.** Marinade abtupfen. Braten kräftig von allen Seiten anbraten. 60 Minuten garen.

**5.** Den Braten vor dem Tranchieren 10 Minuten an einem warmen Ort oder in Alufolie eingewickelt ruhen lassen.

Abbildung oben

## Kurzgebratenes Lamm auf Estragonsauce

*4 Steak vom Lammnierenstück, je 100 g*
*1 Knoblauchzehe, fein gehackt*
*1 Fleischtomate, gehäutet, Stielansatz*
*entfernt, gewürfelt*
*2 EL Estragon, fein gehackt*
*150 g/1,5 dl Sahne/Rahm*
*Pfeffer aus der Mühle*
*wenig Estragon für die Garnitur*

ca. 420 kcal pro Portion
**1.** Lammsteaks beidseitig gut braten (Bratzeit 6 bis 8 Minuten). Das Fleisch warm stellen.
**2.** Knoblauch und Tomaten in die Pfanne geben. 2 bis 3 Minuten dünsten. Sahne und Estragon beigeben. Auf die Hälfte einreduzieren. Mit Salz und Pfeffer abschmecken.
**3.** Mit der Sauce auf vorgewärmten Tellern einen Spiegel machen. Steaks schräg in Scheiben schneiden und anrichten. Mit Estragon garnieren. Restliche Sauce separat servieren.

## Kräuter-Hähnchen

*1 Hähnchen/Poulet, ca. 1 kg*
*2–3 Zweige Rosmarin*
*2 Zweige Thymian*
*2 Zweige Basilikum*
*2 Zweige Petersilie*
*1 Zwiebel, halbiert*
*1 Möhre/Karotte, in Stäbchen*
*1 kleiner Porree/Lauch, in 5 cm lange*
*Streifen*
*100 ml/1 dl trockener Weißwein*
*300 ml/3 dl Hühnerbrühe/-bouillon*
*1 Lorbeerblatt*
*2 Gewürznelken*
*1 EL weiche Butter*
*1 TL Mehl*
*Pfeffer aus der Mühle*

ca. 530 kcal pro Portion

**1.** Kräuter zu einem Sträußchen binden. In den Bauch des Hähnchens stecken.

**2.** Hähnchen beidseitig braten, ca. 10 bis 15 Minuten. Fett abgießen. Zwiebeln, Möhren und Porree kurz mitdünsten. Mit dem Weißwein und der Brühe ablösen. Lorbeerblatt und Gewürznelken dazugeben. Zugedeckt 50 bis 60 Minuten garen.

**3.** Hähnchen herausnehmen und warm stellen.

**4.** Sauce passieren. Mit Küchenkrepp das Fett von der warmen Sauce abtupfen. Mit der Mehlbutter (Mehl und Butter verkneten) binden. Würzen.

**5.** Mit der Sauce auf vorgewärmten Tellern einen Spiegel machen. Hähnchen tranchieren und auf der Sauce anrichten.

## Pochiertes Rinderfilet an Steinpilzsauce

*500 g Rinderfilet oder -hüfte, in*
*fingerdicke, ca. 4 cm lange Streifen*
*geschnitten*
*300 g grüne Erbsen*
*30 g getrocknete Steinpilze, eingeweicht*
*100 g/1 dl Sahne/Rahm*

*Salz*
*Pfeffer aus der Mühle*
*Paprikapulver*

*Sud*
*1 Zwiebel*
*1 Lorbeerblatt*
*2 Gewürznelken*
*200 ml/2 dl Weißwein*
*300 ml/3 dl Wasser*
*2 EL Whisky*
*2 Möhren/Karotten, in Stücken*
*1 kleiner Porree/Lauch*
*2 TL grüne Pfefferkörner*

ca. 340 kcal pro Portion

**1.** Zwiebel mit dem Lorbeerblatt und den Nelken spicken.

**2.** Sämtliche Zutaten für den Sud aufkochen. Fleischstreifen dazugeben und 5 bis 10 Minuten, je nach Fleischqualität, pochieren. (Der Sud soll nur simmern, also nicht kochen). Das Fleisch herausnehmen und warm stellen.

**3.** Sud auf die Hälfte einreduzieren. Zwiebel entfernen. Sud durch ein Sieb streichen.

**4.** Gut ausgedrückte Steinpilze und Erbsen für wenige Minuten im Sud garen. Sahne und Fleischstreifen dazugeben. Erwärmen. Abschmecken.

Abbildung unten

ca. 365 kcal pro Portion

**1.** Für die Füllung sämtliche Zutaten gut mischen. Mit Salz und Pfeffer würzen.

**2.** Kaninchenrücken auf der Arbeitsfläche flach auslegen. Füllung gleichmäßig auf das Fleisch streichen. Den Rücken in Längsrichtung aufrollen. Speckscheiben über die Nahtstelle legen und mit einer Küchenschnur alle 2 cm binden.

**3.** Kaninchenrücken kräftig anbraten. Mit dem Mehl bestäuben und dem Madeira ablöschen. Kaninchen- oder Kalbsbrühe, Lorbeerblatt, Thymianzweige, Koriander und Pfefferkörner dazugeben. 25 Minuten schmoren lassen. Das Fleisch aus der Sauce nehmen und warm stellen.

**4.** Sauce durch ein Sieb streichen und auf die Hälfte einreduzieren.

**5.** Mit der Sauce auf vorgewärmten Tellern einen Spiegel machen. Das Fleisch leicht diagonal in Scheiben schneiden. Anrichten.

## Gefüllter Kaninchenbraten

*1 Kaninchenrücken, ausgelöst,*
*ohne Knochen*
*2 Scheiben Speck*
*1 EL Mehl*
*3 EL Madeira*
*250 ml/2,5 dl Kaninchenbrühe/-fond oder*
*Kalbsbrühe-/fond (Rezept Seite 98)*
*1 Lorbeerblatt*
*2 Thymianzweige*
*1 TL Korianderkörner*
*1 TL Pfefferkörner*

*Füllung*
*150 g Kalbsbrät*
*100 g gekochter Schinken*
*1 EL Sahne/Rahm*
*1/2 Bund Thymian, fein gehackt*
*Salz*
*Pfeffer aus der Mühle*

## Kutteln in Weißweinsauce

*500 g Kutteln/Kaldaune, am Stück,*
*blanchiert*
*1 l helle Kalbsbrühe/-fond (Rezept Seite 98)*
*1/2 l trockener Weißwein*
*2 EL Schalotten, gehackt*
*500 g/5 dl Sahne/Rahm*
*50 g Butter*
*wenig Kümmel*
*Salz, Pfeffer*
*2 EL Schlagsahne/-rahm*
*wenig Schnittlauch, für die Garnitur*

ca. 780 kcal pro Portion

**1.** Kalbsfond und Wein aufkochen. Kutteln im Fond 30 bis 40 Minuten auf kleinem Feuer ziehen lassen. Kutteln in Streifen schneiden.

**2.** Schalotten anschwitzen. 1/2 l Kuttelfond und Sahne dazugießen. Auf die Hälfte einreduzieren. Sauce durch ein Sieb passieren. Butter in die heiße Sauce rühren. Kuttelstreifen dazugeben. Erhitzen. Mit Kümmel, Salz und Pfeffer abschmecken.

**3.** Schlagsahne und Schnittlauch dazugeben.

# Saucen

## Joghurtsauce
### kalt

*1 Becher Vollmilchjoghurt*
*Salz*
*Pfeffer aus der Mühle*
*1 Prise Zucker*
*½ Zitrone, Saft*
*2 EL Kräuter, fein gehackt*

ca. 40 kcal pro Portion
**1.** Joghurt glattrühren. Mit Salz, Pfeffer und Zucker würzen. Mit dem Zitronensaft und den Kräutern abschmecken.
**2.** Sauce vor dem Servieren kühl stellen.

**Tip:** Paßt zu Blattsalat, Möhren- und Gurkensalat.

## Leichte Sauce hollandaise
### warm

*1 TL Maisstärke*
*2 EL Milch*
*3 Eigelb*
*4 EL Butter*
*4 EL Frischquark*
*1 EL Zitronensaft*
*Salz*
*Pfeffer aus der Mühle*

ca. 270 kcal pro Person
**1.** Maisstärke und Milch verrühren. Eigelb und 1 EL Butter beigeben.
**2.** Die Flüssigkeit unter häufigem Rühren vor den Kochpunkt bringen. Achtung: die Flüssigkeit darf nicht kochen. Sobald die Sauce sämig wird, ist der Garprozeß abgeschlossen.
**3.** Zuerst die Butter eßlöffelweise, dann den Quark unter die Sauce rühren.
**4.** Hollandaise mit Zitronensaft, Salz und Pfeffer abschmecken. Warm servieren.

**Tip:** Die Sauce hollandaise paßt ausgezeichnet zu Rind- und Kalbfleisch, aber auch zu Spargel.

## Sauce bolognese
### warm

*2 Zwiebeln, fein gehackt*
*150 g Möhren/Karotten, klein gewürfelt*
*1 Knoblauchzehe, gehackt*
*500 g Hackfleisch, gemischt*
*200 g grüne Erbsen*
*1,2 kg frische Tomaten, gehäutet,*
*Stielansatz entfernt, gewürfelt oder*
*Dosentomaten (Pelati)*
*250 ml/2,5 dl kräftige Fleischbrühe/-*
*bouillon*
*evtl. Salz*
*Pfeffer aus der Mühle*

ca. 390 kcal pro Portion
**1.** Tomaten häuten, Stielansatz entfernen. Früchte kleinschneiden.
**2.** Hackfleisch anbraten. Zwiebeln, Knoblauch und Möhren dazugeben und mitdünsten. Tomaten und Fleischbrühe beigeben. 40 bis 50 Minuten köcheln lassen. Ganz am Schluß die Erbsen dazugeben. Mit Salz und Pfeffer würzen.

## Italienische Tomatensauce
### warm

*500 g reife Fleischtomaten, gehäutet,*
*Stielansatz entfernt, gewürfelt*
*3 große Zwiebeln, fein gehackt*
*2 Knoblauchzehen, sehr fein gehackt*
*Salz*
*Pfeffer aus der Mühle*
*Muskatnuß*
*1 EL Thymian, fein gehackt*
*1 EL Rosmarin, fein gehackt*
*1 EL Oregano, fein gehackt*

ca. 40 kcal pro Portion
**1.** Zwiebeln und Knoblauch anschwitzen. Tomaten beigeben. Auf kleiner Stufe 10 bis 15 Minuten einreduzieren.
**2.** Tomatensauce mit den Gewürzen und den Kräutern pikant abschmecken. Heiß servieren.

## Sauce béarnaise
### warm

*4 EL weißer Weinessig*
*4 EL Weißwein*
*2 Schalotten, fein gehackt*
*1 Lorbeerblatt*
*Salz*
*Pfeffer aus der Mühle*
*3 Eigelb*
*150 g Butter, Zimmertemperatur*
*2 EL Estragon, fein gehackt*
*wenig Zitronensaft*

ca. 360 kcal pro Portion
**1.** Essig, Weißwein, Schalotten und Lorbeerblatt auf 1 EL einreduzieren. Auskühlen lassen. Lorbeerblatt entfernen.
**2.** Eigelb zum einreduzierten Fond geben. Verquirlen. Bei niedriger Temperatur die Butter in kleinen Portionen unter kräftigem Rühren dazugeben. Solange schlagen, bis die Sauce anfängt sämig zu werden. Achtung: die Sauce darf nicht kochen.
**3.** Sauce mit Salz und Pfeffer würzen. Mit dem Estragon und dem Zitronensaft verfeinern. Sofort servieren.

**Tip:** Paßt zu Steaks, Kalbsmedaillons und gedünstetem Fisch.

## Paprikasauce
### warm

*je 2 rote und gelbe Gemüsepaprika/*
*Peperoni, halbiert, entkernt, in Streifen*
*1 kleine Zwiebel, fein gehackt*
*1 TL Gemüsebrüheextrakt/*
*Gemüsebouillonextrakt*
*100 g/1 dl Sahne/Rahm*
*2 EL Campari*
*Cayennepfeffer*
*Salz*
*Pfeffer aus der Mühle*
*1 Zweig Basilikum*

ca. 120 kcal pro Portion
**1.** Gemüsepaprika und Zwiebeln zugedeckt 10 Minuten dünsten.
**2.** Ein Drittel der Paprikastreifen für die Garnitur zurückbehalten. Den Rest pürieren und durch ein Sieb streichen.
**3.** Püree, Sahne und Gemüsebrüheextrakt aufkochen. Würzen. Mit dem Campari abschmecken. Fein geschnittenes Basilikum und Gempüsepaprikastreifen zur Sauce geben. Gut erwärmen.

**Tip:** Mit Teigwaren oder Gemüse servieren.

Abbildung oben

# Kalbsbrühe/-fond – Grundrezept

*900 g Kalbsknochen, vom Metzger
klein gehackt
Fleischabschnitte vom Kalbsrücken
wenig Kalbsnierenfett
2 EL Salz
einige Drehungen Pfeffer aus der Mühle
2 EL Senf
200 g Zwiebeln, geschält, in Stücke
geschnitten
40 g Knoblauch, ungeschält
(ergibt ein milderes Aroma)
wenig Mehl
½ l Rotwein
2 l Wasser*

für ca. 1 l Brühe/Fond
**1.** Knochen und Fleischabschnitte mit Salz und Pfeffer würzen. Mit Senf einstreichen.
**2.** Kalbsnierenfett schmelzen. Knochen beifügen und kurz anbraten. Topfinhalt in eine ofenfeste Form füllen. Im Ofen bei 220 bis 250 Grad rösten. Öfters wenden. Nach 30 Minuten Zwiebeln und Knoblauch beigeben. Für weitere 10 Minuten rösten. Mit wenig Mehl bestäuben und mit dem Wein ablöschen. Weitere 10 Minuten im Ofen belassen. Form aus dem Ofen nehmen.
**3.** Forminhalt in einen großen Topf geben. Mit dem Wasser auffüllen. Bei kleiner Hitze 2 Stunden köcheln lassen. Weder abschäumen noch abfetten.
**4.** Knochen und Fleischabschnitte herausfischen. Flüssigkeit durch ein Spitzsieb gießen.
**5.** Brühe bei Zimmertemperatur erkalten lassen. Alsdann in den Kühlschrank stellen. Sobald das Fett hart ist, kann es entfernt werden.
**6.** Brühe mit dem Schneebesen gut verrühren. Weiterverwenden oder portionenweise tiefgefrieren.

**Geflügelbrühe/-fond:** Kalbsknochen und Fleischabschnitte durch Geflügel ersetzen. Mit Weißwein anstelle von Rotwein. Lediglich 1 l Wasser. 1 Stunde köcheln lassen. Übrige Zutaten und Zubereitung gleich wie Kalbsbrühe/-fond.

**Lammbrühe/-fond:** Kalbsknochen und Fleischabschnitte durch Lamm ersetzen. Ohne Kalbsnierenfett. Mit Weißwein. Übrige Zutaten und Zubereitung gleich wie Kalbsbrühe/-fond.

# Klassische Vinaigrette
## kalt

*4 EL Essig
Salz
Pfeffer aus der Mühle
4 EL Öl
2 EL Kräuter, fein gehackt, z.B. Kerbel,
Estragon, Petersilie
1 Bund Schnittlauch, fein geschnitten
1 TL Kapern, gehackt*

ca. 95 kcal pro Portion
**1.** Essig, Salz und Pfeffer verrühren. Das Öl nach und nach unter kräftigem Rühren dazugeben. Kapern und Kräuter beifügen.

**Tip:** Die Vinaigrette paßt zu kaltem Fleisch, Geflügel und Fisch.

# Kräutersauce
## kalt

*5 EL Kräuter, fein gehackt, z.B. Petersilie,
Dill, Kerbel, Estragon, Thymian, Oregano
4 EL weiche Butter
50 g Spinat
150 ml/1,5 dl Gemüsebrühe/-bouillon
Salz, weißer Pfeffer aus der Mühle*

ca. 170 kcal pro Portion
**1.** Kräuter und Butter verrühren. Kühl stellen.
**2.** Spinat kurz dünsten. Die Gemüsebrühe beigeben. Auf die Hälfte einreduzieren. Pürieren.
**3.** Kräuterbutter mit dem Schneebesen in die Sauce rühren. Mit Salz und Pfeffer würzen.

**Tip:** Der Spinat kann durch Möhren/Karotten, Sellerie, Gemüsepaprika/Peperoni, Blumenkohl, Broccoli ersetzt werden. Die Sauce paßt zu Gemüse, Geflügel, Kalbs- und Rinderfleisch (kurz gebratenes Fleisch).

## Currysauce
### warm

*1 Zwiebel, fein gehackt*
*1 Apfel, klein gewürfelt*
*1 Banane, in feinen Scheiben*
*2–3 EL Curry*
*1 Msp Curcuma/Gelbwurz*
*250 ml/2,5 dl Gemüsebrühe/-bouillon*
*125 g/1,25 dl Sahne/Rahm*
*Salz*
*Pfeffer aus der Mühle*
*1–2 TL Zitronensaft*

ca. 150 kcal pro Portion
**1.** Zwiebeln dünsten (nicht braun werden lassen). Äpfel, Bananen, Curry und Curcuma dazugeben und mitdünsten. Mit der Gemüsebrühe ablöschen. 5 Minuten köcheln lassen.
**2.** Sahne zur Sauce geben. Wenig einköcheln lassen. Mit Salz, Pfeffer und dem Zitronensaft abschmecken.

**Tip:** Sauce vor Beigabe der Sahne pürieren. Die Currysauce paßt zu Reis, Schweine- und Kalbfleisch (in Streifen geschnitten = Geschnetzeltes).

## Schinkenmousse
### warm

*200 g gekochter Schinken*
*300 ml/3 dl Milch*
*20 g Butter*
*3 EL Mehl*
*150 ml/1,5 dl Sahne/Rahm*
*1 Bund Schnittlauch, fein geschnitten*
*Salz*
*Pfeffer aus der Mühle*

ca. 285 kcal pro Portion
**1.** Schinken mit 100 ml/1 dl Milch pürieren.
**2.** Mehl in der Butter kurz anschwitzen. Restliche Milch nach und nach dazugeben. Immer wieder glattrühren. 5 Minuten köcheln lassen.
**3.** Schinkenmousse und Sahne unter die Mehlsauce rühren. Schinkenmousse erwärmen. Schnittlauch dazugeben. Würzen.

**Tip:** Eine ideale Sauce zu Teigwaren.

Abbildung oben

## Pilzsauce

*15–30 g getrocknete Pilze, z.B.*
*Champignons, Steinpilze, Morcheln*
*4 EL trockener Weißwein*
*125 ml/1,25 dl Gemüsebrühe/-bouillon*
*1 EL weiche Butter*
*1 EL Mehl*
*Salz*
*weißer Pfeffer aus der Mühle*

ca. 90 kcal pro Portion
**1.** Pilze 15 Minuten im Wasser einlegen. Abseihen.
**2.** Pilze dünsten. Mit dem Weißwein ablöschen. Brühe dazugießen. Ohne Deckel so lange garen, bis die Flüssigkeit auf die Hälfte einreduziert ist.
**3.** Mehl und Butter zusammenfügen. Nach und nach unter Rühren mit einer Holzkelle zu den Pilzen geben. Mit Salz und Pfeffer würzen.

**Tip:** Mit Sahne verfeinern. Die Sauce paßt zu kurzgebratenem Fleisch, zu Teigwaren und zu Gemüse. Je nach Saison frische Pilze verwenden.

## Champagnersauce

*4 Eigelb*
*125 g/1,25 dl Sahne/Rahm*
*Salz*
*Pfeffer aus der Mühle*
*ca. 250 ml/2,5 dl trockener (brut)*
*Champagner*
*1 Spritzer Zitronensaft*
*gehackter Dill, für die Garnitur*

ca. 165 kcal pro Portion
**1.** Eigelb und Sahne verquirlen. Würzen. Unter ständigem Rühren vor den Kochpunkt bringen. Topf sofort von der Wärmequelle nehmen.
**2.** Unter Rühren langsam den Champagner zur Eicreme geben. Sauce unter ständigem Rühren abermals vor den Kochpunkt bringen. Mit dem Zitronensaft abschmecken.

**3.** Champagnersauce mit Dill bestreuen. Sofort servieren.

**Tip:** Die Sauce paßt zu Krustentieren, feinem Fisch und Fleisch. Anstelle von Champagner kann auch trockener Sekt verwendet werden.

## Fischbrühe/-fond – Grundrezept

*1 kg Fischgräte von Meerfischen*
*(Seezunge, Steinbutt usw.)*
*200 g Zwiebeln oder Schalotten, geschält,*
*grob zerkleinert*
*100 g weißer Porree/Lauch, grob*
*geschnitten*
*1/2 l Weißwein*
*1 Sträußchen Thymian*
*1 Msp getrockneter Thymian*
*2 EL Salz*
*15 Pfefferkörner, zerdrückt*
*1 l Wasser*

für ca. 1 l Brühe/Fond
**1.** Zwiebeln, Gewürze und Porree anschwitzen. Fischgräte beigeben. Kurz mitdünsten. Wein und Wasser beigeben. Aufkochen. Auf kleinem Feuer 15 Minuten köcheln lassen.
**2.** Brühe durch ein Spitzsieb gießen. Erkalten lassen. Weiterverwenden oder portionenweise tiefgefrieren.

**Tip:** Die Verwendung von Süßwasserfisch-Gräten ist nicht ratsam, da die Brühe gerne tranig schmeckt und das Aroma der Sauce nachteilig verändert.

# Desserts/Nachspeisen

Apfelkuchen, Rezept Seite 106

# Feigen an Rotweinsauce mit Eis

*8 frische Feigen, in Vierteln*
*400 ml/4 dl Rotwein*
*1 Zimtstange*
*½ Zitrone, Saft*
*1 Orange, abgeriebene Schale*
*2 EL Honig*
*4 Kugeln Eis, nach Belieben Zimt- oder*
*Vanilleeis*
*Minze für die Garnitur*

ca. 245 kcal pro Portion
**1.** Rotwein, Zimtstange, Orangenschalen und Honig erhitzen. Auf die Hälfte einreduzieren.
**2.** Die Feigen in eine Schüssel legen und mit dem heißen Rotweinsirup übergießen. Mindestens 2 Stunden marinieren.
**3.** Rotweinsirup abseihen. Mit der Sauce auf flachen Tellern einen Spiegel machen. Feigen im Halbkreis anordnen. Eine Eiskugel dazugeben. Mit der Minze garnieren.

# Flambierte Bananen

*4 feste Bananen, geschält, längs halbiert*
*40 g Butter*
*3 EL Zucker*
*2 Orangen, Saft*
*4 cl Orangenlikör*
*4 cl Cognac*
*4 EL Schokoladenraspel*

ca. 430 kcal pro Portion
**1.** Butter schmelzen. Zucker dazugeben und auflösen.
**2.** Bananenhälften beidseitig sautieren (kräftig erwärmen). Herausnehmen.
**3.** Orangensaft und Likör in die Pfanne geben. Eindicken lassen. Bananen in die Pfanne zurückgeben. Mit dem Cognac übergießen. Anzünden und flambieren.
**4.** Bananen auf Tellern anrichten. Sauce dazugeben. Mit den Schokoladenraspeln bestreuen. Sofort servieren.

Abbildung rechts unten

# Rhabarber-Quarkeis mit Erdbeeren

*375 g junger Rhabarber, in feinen*
*Scheiben*
*3 EL Zucker*
*2 Eigelb*
*2 EL Zucker*
*½ Zitrone, Saft*
*250 g Frischquark*
*125 g/1,25 dl Sahne/Rahm, sehr steif*
*geschlagen*
*300 g Erdbeeren, in Scheiben oder*
*halbiert*
*nach Belieben wenig Zucker*

ca. 315 kcal pro Portion
**1.** Rhabarber mit den 3 EL Zucker ca. 5 Minuten dünsten. Auskühlen lassen.
**2.** Eigelbe, Zucker und Zitronensaft im heißen Wasserbad schaumig schlagen. Im Eiswasser (Wasser mit Eiswürfeln) solange weiterschlagen, bis die Masse ausgekühlt ist.
**3.** Frischquark glattrühren. Zusammen mit der Sahne und dem Rhabarber sorgfältig unter die Eicreme ziehen. Im Tiefkühler oder in der Eismaschine gefrieren lassen.
**4.** Erdbeeren auf Teller anrichten. 2 Eiskugeln dazugeben.

## Windbeutel

*125 ml/1,25 dl Weißwein*
*1 Prise Salz*
*40 g Butter*
*75 g Weizenvollkornmehl, Kleie ausgesiebt*
*2–3 kleine Eier*
*1 Msp Backpulver*

*Füllung*
*70 g blaue Weintrauben*
*70 g grüne Weintrauben*
*125 g/1,25 dl Sahne/Rahm*

für 12 Windbeutel
ca. 110 kcal pro Stück

**1.** Weißwein, Salz und Butter erhitzen. Mehl im Sturz in die kochende Flüssigkeit geben. Mit einer Holzkelle solange rühren, bis sich der Teig als Kloß vom Topf löst. Teig in eine Schüssel geben.
**2.** Verquirlte Eier und Backpulver mischen. Eier nach und nach unter kräftigem Rühren unter den Teig arbeiten.
**3.** Teig in einen Spritzbeutel füllen. Auf ein mit Backtrennpapier belegtes Blech 12 Tupfer, 2 cm hoch, spritzen.
**4.** Windbeutel im vorgeheizten Ofen bei 200 bis 220 Grad 20 Minuten backen. Auskühlen lassen.
**5.** Windbeutel quer halbieren. Weintrauben halbieren, entkernen und klein schneiden. Mit der Schlagsahne mischen. Windbeutel damit füllen.

**Tip:** Die Teighäufchen lassen sich auch mit einem Suppenlöffel auf das Blech setzen. Damit der Teig nicht weich wird, die Windbeutel erst kurz vor dem Verzehr füllen.

Abbildung oben

## Gefüllte Äpfel

*4 mittelgroße Äpfel*
*1 EL Mandelstifte, gehackt*
*1 EL Rosinen*
*Zucker und Zimt*

ca. 110 kcal pro Apfel

**1.** Kerngehäuse der Äpfel mit einem Kugelausstecher entfernen.
**2.** Mandeln Rosinen, Zucker und Zimt mischen. Äpfel damit füllen.
**3.** Gefüllte Äpfel in der Pfanne 15 Minuten garen.

**Tip:** Äpfel in einer ofenfesten Form im vorgeheizten Ofen bei 220 Grad 15 bis 20 Minuten schmoren.

## Haferflockenpudding auf Brombeersauce

*½ l Milch*
*1 Vanilleschote, längs halbiert*
*1 EL Zucker*
*160 g Haferflocken*
*1 TL Butter, für die Förmchen*
*80 g geriebene Mandeln*
*3 Eigelb*
*2 EL Zucker*
*2 Eiweiß*
*1 Prise Salz*

*Fruchtsauce*
*600 g Brombeeren*
*1 Orange, Saft*
*2 EL saure Sahne/Sauerrahm*

für 6 Personen
ca. 355 kcal pro Portion
**1.** 6 Portionenförmchen mit Butter ausstreichen. Wenig geriebene Mandeln einstreuen.
**2.** Milch, Vanilleschote, Haferflocken und Zucker (1 EL) aufkochen. 10 Minuten quellen lassen (auf der ausgeschalteten Herdplatte). Vanilleschote entfernen.
**3.** Restliche Mandeln, Eigelb und Zucker mit dem Haferflockenbrei mischen.
**4.** Eiweiß und Prise Salz zu Schnee schlagen.
**5.** Eischnee sorgfältig unter die Haferflockenmasse heben. In die vorbereiteten Förmchen füllen.
**6.** Ofenfeste Form mit einem Tuch belegen (das Tuch verhindert die Bildung von kleinen Bläschen im Pudding durch zuviel Hitze beim Garen). Förmchen in die Form stellen. Form zu ⅔ mit heißem Wasser füllen. Form auf unterster Rille des auf 160 Grad vorgeheizten Ofens einschieben. 50 bis 60 Minuten pochieren (stocken lassen).
**7.** Die Hälfte der Brombeeren mit dem Orangensaft pürieren. Brombeeren durch ein Sieb streichen. Saure Sahne unter das Fruchtpüree rühren. Nach Belieben süßen.
**8.** Mit der Brombeersauce auf die Teller einen Spiegel machen. Rand der Förmchen mit einem Messer lösen. Haferflockenpudding auf die Sauce stürzen. Mit den restlichen Brombeeren garnieren.

## Crêpes Suzette

*Teig*
*100 g Mehl*
*2 Eier*
*250 ml/2,5 dl Milch*
*1 Prise Salz*
*1 EL Butter, flüssig*
*wenig Öl, zum Auspinseln des Brattopfes*

*Füllung*
*40 g Butter*
*2 EL Puderzucker*
*2 Orangen, Saft und abgeriebene Schale*
*2 EL Orangenlikör*
*2 EL Rum*

für 6 Personen
ca. 205 kcal pro Portion
**1.** Mehl, Eier, Milch, Salz und Butter zu einem dünnflüssigen Teig rühren. Teig 2 Stunden ruhen lassen.
**2.** Pfanne sparsam mit Öl auspinseln. Erhitzen.
**3.** Dünne Crêpes ausbacken. Warm stellen.
**4.** Für die Füllung Butter und Puderzucker schaumig rühren. Saft und abgeriebene Schale dazugeben. Zuletzt den Orangenlikör darunterrühren.
**5.** Crêpes in der Sauce wenden. Zusammenklappen. Nebeneinander in eine Schüssel legen. Rum in einer Kelle erwärmen, über die Crêpes gießen und anzünden.

Abbildung rechts

## Mango-Kaltschale

*½ l Orangensaft, frisch gepreßt*
*40 g Graupen/Rollgerste*
*2 cm frischer Ingwer, geschält, sehr klein*
*gewürfelt*
*750 ml/7,5 dl Buttermilch*
*1 reife Mango*
*Minze für die Garnitur*

ca. 220 kcal pro Portion

**1.** Orangensaft erhitzen. Graupen/Rollgerste dazugeben. 20 Minuten köcheln lassen. Ingwer beifügen. Saft auskühlen lassen.
**2.** Buttermilch und Orangensaft verquirlen.
**3.** Mango schälen, halbieren und entkernen. Die Hälfte pürieren, den Rest in feine Streifen schneiden. Püree und Früchte zur Creme geben.
**4.** Creme für 1 bis 2 Stunden in den Kühlschrank stellen.
**5.** Mit Minze garnieren.

## Apfelkuchen

*100 g Blätterteig*
*40 g Butter*
*70 g Zucker*
*450–600 g trockene Lageräpfel,*
*z.B. Glockenäpfel*

ca. 250 kcal pro Portion
**1.** Blätterteig ½ cm dick ausrollen. Einige Minuten ruhen lassen. Eine Rondelle, der Größe des Topfes entsprechend, schneiden.
**2.** Die Butter in einem hohen Topf schmelzen. Zucker dazugeben. Äpfel schälen, vierteln, Kerngehäuse entfernen. In ½ cm dicke Scheiben schneiden. Äpfel dicht nebeneinander, mit der gewölbten Seite unten, in den Topf legen. Teig darauflegen. Teig mit einer Gabel einige Male einstechen. Vor dem Backen 20 bis 30 Minuten im Kühlschrank ruhen lassen.
**3.** Kuchen im vorgeheizten Backofen bei 220 Grad 30 Minuten backen. Topf kurz auf die heiße Herdplatte stellen, damit die Flüssigkeit verdunsten kann und die Äpfel karamelisieren.

**Tip:** Anstelle eines hohen Topfes kann auch ein hohes, dickwandiges Kuchenblech verwendet werden.

Abbildung auf dem Kapiteltitel, Seite 101

## Schokoladenköpfchen

*2 Blatt Gelatine*
*400 ml/4 dl Milch*
*1 TL Vanillezucker*
*2 EL Zucker*
*70 g dunkle Schokolade, zerbröckelt*
*3 Eier, verquirlt*

ca. 255 kcal pro Portion (4 Köpfchen)
**1.** Gelatine in kaltem Wasser einlegen.
**2.** Milch und Vanillezucker erhitzen. Den Zucker und die Schokolade beigeben. Schokolade schmelzen lassen.

**3.** Die Eier unter kräftigem Rühren zur Milch geben. Die Creme darf nicht mehr kochen.
**4.** Ausgedrückte Gelatine im Wasserbad auflösen. Unter die noch warme Creme rühren.
**5.** Förmchen mit kaltem Wasser ausspülen. Schokoladencreme auf die Förmchen verteilen. Im Kühlschrank festwerden lassen.
**6.** Schokoladenköpfchen stürzen. Nach Belieben mit Sahne garnieren.

## Kaiserschmarrn mit Zwetschgenkompott

*3 EL Rosinen*
*1 EL Rum*
*2 Eigelb*
*2 EL Zucker*
*40 g weiche Butter*
*250 ml/2,5 dl Milch*
*2 Eiweiß*
*1 Prise Salz*
*160 g Mehl*
*Puderzucker, zum Bestäuben*

*Zwetschgenkompott*
*750 g Zwetschgen, halbiert, entsteint*
*150 ml/1,5 dl Rotwein*
*3 EL Zucker*
*1 Zimtstange*

ca. 570 kcal pro Portion
**1.** Für das Zwetschgenkompott Rotwein, Zucker und Zimtstange aufkochen. Zwetschgenhälften dazugeben. 5 bis 10 Minuten garen.
**2.** Rosinen mit dem Rum beträufeln.
**3.** Eigelb, Zucker und Butter schaumig rühren, bis die Masse hellgelb ist. Milch dazugeben und kurz weiterrühren. Rosinen beifügen.
**4.** Eiweiß mit dem Salz zu Schnee schlagen.
**5.** Eischnee und Mehl lagenweise unter die Eigelbmasse heben.
**6.** Brattopf leicht einölen. Teig in den Topf geben. Unterseite bräunen. Masse mit zwei Gabeln in kleine Stücke teilen. Rundum bräunen.
**7.** Kaiserschmarrn auf Teller anrichten. Mit Puderzucker bestäuben. Zwetschgenkompott dazugeben.

## Torta della Nonna

*270 g Vollkorntoast, gewürfelt*
*½ l Milch*
*1 Ei*
*½ Zitrone, Saft und abgeriebene Schale*
*100 g Akazienhonig*
*100 g kandierte Früchte*
*25 g Sultaninen*
*2 EL Grappa (Tresterbranntwein)*
*25 g Pinienkerne*
*25 g Kakaopulver*
*2 Kaki*
*wenig Puderzucker zum Bestäuben*
*wenig Butter für die Form*

Zutaten für 6 Stück
ca. 360 kcal pro Person
**1.** Sultaninen im Grappa einlegen.
**2.** Milch erhitzen. Über die Brotwürfel gießen. Zugedeckt rund 1 Stunde stehen lassen. Brotmasse mit einer Gabel zerdrücken.
**3.** Ei, abgeriebene Zitronenschalen, Zitronensaft, Honig, kandierte Früchte und Sultaninen mit der Brotmasse gut mischen.
**4.** Brotmasse in eine mit Butter ausgestrichene Kuchenform füllen. Glattstreichen. Mit den Pinienkernen bestreuen.

**5.** Kuchen im vorgeheizten Ofen bei zirka 180 Grad 35 bis 40 Minuten backen. Sofort aus der Form lösen.
**6.** Die Teller mit Kakaopulver bestäuben. Brotkuchen in Stücke teilen. Mit Puderzucker bestäuben. Kurz vor dem Servieren mit Kakischnitzen garnieren.

Abbildung oben

## Karamelköpfchen

*4 EL Zucker*
*4 EL Wasser*
*350 ml/3,5 dl Milch*
*1 Vanilleschote, längs halbiert*
*2 EL Zucker*
*3 Eier*

für 4 Förmchen
ca. 220 kcal pro Köpfchen
**1.** Förmchen leicht einölen.
**2.** Die 4 EL Zucker sorgfältig karamelisieren (flüssig werden lassen). Mit dem Wasser ablöschen. Sofort in die Förmchen gießen.
**3.** Milch und Vanilleschote aufkochen. Vanillemark abstreifen und zur Milch geben.

**4.** Zucker und Eier verquirlen. Unter Rühren die heiße Milch dazugeben. Eiermilch in die Förmchen füllen.

**5.** Ofenfeste Form mit einem Tuch belegen (das Tuch verhindert die Bildung von kleinen Bläschen im Pudding durch zuviel Hitze beim Garen). Förmchen in die Form stellen. Form zu 2/3 mit heißem Wasser füllen. Form auf unterster Rille des auf 170 Grad vorgeheizten Ofens einschieben. Ca. 30 Minuten pochieren (stokken lassen), große Form 40 bis 50 Minuten. Probe mit dem Messer: die eingestochene Schnittfläche soll sauber bleiben.

**6.** Karamelköpfchen erkalten lassen. Rand mit dem Messer sorgfältig lösen. Stürzen.

**Tip:** Mit Sahne garnieren.

## Traubencreme mit Champagner

*6 Blatt rote Gelatine*
*1/2 l roter Traubensaft*
*1/2 l leichter Rotwein*
*nach Belieben wenig Zucker*
*je 50 g rote und weiße Weintrauben,*
*gehäutet, entkernt*
*100 ml/1 dl Champagner*
*2 EL saure Sahne/Sauerrahm*

ca. 225 kcal pro Portion
**1.** Gelatine in kaltem Wasser einlegen.
**2.** Traubensaft erwärmen. Gut ausgedrückte Gelatine darin auflösen. Vorsicht, der Traubensaft darf nicht kochen. Rotwein unter Rühren dazugeben. Nach Belieben süßen. Flüssigkeit erkalten lassen und alsdann 1 bis 2 Stunden kühl stellen.
**3.** Weintrauben in der Hälfte Champagner marinieren.
**4.** Leicht gelierte Creme in Dessertschalen füllen. Weintrauben samt Champagner dazugeben. Mit wenig saurer Sahne garnieren und mit dem restlichen Champagner auffüllen. Sofort servieren.

**Tip:** Anstelle des Champagners trockenen Sekt verwenden.

## Exotische Früchte mit Orangenschaum

*2 Blutorangen*
*1 Mango*
*2 Kiwis*
*1 Karambola/Sternfrucht*
*Zitronenmelisse, als Garnitur*

*Orangenschaum*
*2 Eigelb*
*1 Ei*
*100 g Zucker*
*200 ml/2 dl Orangensaft*
*1 Orange, abgeriebene Schale*
*wenig Zitronensaft*

ca. 170 kcal pro Portion
**1.** Blutorangen oben und unten kappen (einen Deckel abschneiden). Die Schale dem Fruchtfleisch entlang herunterschneiden. Mit dem Messer an den beiden dünnen Fruchthäutchen der Schnitze entlangschneiden. Filets herauslösen. Kiwis schälen und quer in Scheiben schneiden. Mango öffnen, indem man ober- und unterhalb des großen flachen Kerns der Länge nach zwei Hälften abschneidet. Fruchthälften kleinschneiden. Karambola quer in Scheiben schneiden.
**2.** Für den Orangenschaum Eigelb, Ei, Zucker, Orangen- und Zitronensaft im heißen Wasserbad 10 Minuten schaumig schlagen. Im eiskalten Wasserbad (Schüssel mit Wasser und Eis) solange schlagen, bis die Masse ausgekühlt ist. Abgeriebene Orangenschale dazugeben.
**3.** Orangenschaum auf 4 flache Teller verteilen. Früchte darauf anrichten. Mit Zitronenmelisse garnieren.

**Tip:** Vor dem Servieren den Fruchtteller mit Puderzucker bestäuben und im Backofen auf Grillstufe ganz kurz überbacken.

# Festlich Kochen

Gemuselasagne, Rezept Seite 122

## Gemüsemosaik auf Tomaten-Nußölsauce

*5 Artischockenböden, gegart*
*(Rezept Seite 38)*
*300 g Broccoliröschen*
*200 g Möhren/Karotten, in ca. ½ cm*
*großen Würfeln*
*200 g kleine Maiskolben*
*200 g zarte grüne Bohnen*
*100 g schwarze Trüffel, in 5 mm dicken*
*Scheibchen*
*1 l Kalbsbrühe/-fond (Rezept Seite 98)*
*500 g Crème fraîche*
*3 EL trockener Sherry*
*2 EL Kerbel oder Koriander, gehackt*
*Salz*
*Pfeffer*
*Zitronensaft*

*Sauce*
*1 kg Tomaten*
*200 ml/2 dl Wal-/Baumnußöl*
*100 ml/1 dl Haselnußöl*
*½ Zitrone, Saft*
*3 EL Aceto Balsamico*
*Salz*
*Pfeffer*
*wenig Zucker*

für 12 Personen
**1.** Broccoli, Möhren, Maiskolben und grüne Bohnen knackig garen.
**2.** Kalbsbrühe auf 150 ml/1,5 dl einreduzieren. Erkalten lassen. Brühe, Crème fraîche, Sherry und Kräuter verrühren. Abschmecken.
**3.** Eine Terrinenform 1 cm hoch mit der Brühe füllen. Das Gemüse und die Trüffel lagenweise in die Form legen. Jede Gemüselage mit wenig Brühe decken. Terrine beschweren. Form ca. 3 Stunden kühl stellen.
**4.** Bei den Tomaten den Stielansatz kreisförmig entfernen. Früchte zerkleinern und im Mixerglas pürieren. Sauce durch ein Sieb streichen. Das Öl nach und nach unter kräftigem Schlagen zur Tomatensauce geben. Würzen.
**5.** Gestürzte Terrine in dünne Scheiben schneiden. Mit der kalten Tomatensauce auf

Tellern einen Spiegel machen. Zwei Gemüsescheiben auf jeden Teller legen. Terrine mit wenig Sauce beträufeln. Mit den Kräutern garnieren. Restliche Sauce separat servieren.

**Tip:** Teller mit einem Salatsträußchen und knackig gedünstetem jungem Gemüse servieren. Die Trüffel können durch Steinpilze oder Morcheln ersetzt werden.

## Dreifarbige Paprikasuppe

*je 300 g roter, gelber und grüner*
*Gemüsepaprika/Peperoni, halbiert,*
*entkernt, in Streifen*
*3 kleine Schalotten fein gehackt*
*Gemüsebrühe/-bouillon*
*100 g/1 dl Sahne/Rahm*

**1.** Gemüsepaprika (alle drei Farben) zusammen mit den Schalotten mit wenig Gemüsebrühe in der gleichen Gareinheit dünsten.
**2.** Gemüsepaprika nach Farben getrennt mit wenig Gemüsebrühe im Mixer pürieren und durch ein Sieb streichen.
**3.** Paprikasuppen in 3 Kochtöpfen aufkochen. Soviel Gemüsebrühe dazugießen, daß man eine Suppe von normaler Konsistenz erhält. Sahne auf die 3 Suppen verteilen. Aufkochen. Nach Belieben abschmecken.
**4.** Die 3 Suppen langsam gleichmäßig und gleichzeitig in vorgewärmte Suppenteller einlaufen lassen (dazu braucht es 2 Personen). Vorsichtig servieren.

Abbildung rechts

## Liebesapfel
## mit Jakobsmuschel gefüllt

*4 mittelgroße Tomaten, gut reif, gehäutet,*
*quer halbiert, entkernt*
*150 g Porree/Lauch, in feinen Streifen*
*(Julienne)*
*4 große Jakobsmuscheln, ausgelöst*
*ca. 300 ml/ 3 dl Gemüsebrühe/-bouillon*
*½ Zitrone, abgeriebene Schale*
*3 EL trockener Wermut, z.B. Noilly Prat*
*1 TL Orangenschale, gehackt*
*1 TL Koriander, gehackt*
*Salz*
*Pfeffer*
*100 g Sojasprossen für die Garnitur*
*(Seite 31)*
*wenig Koriander für die Garnitur*

*Sauce*
*50 g Schalotten, fein gehackt*
*3 EL Weißwein*
*200 ml/2 dl kräftige Fischbrühe-/fond*
*(Rezepte Seite 100)*
*100 g/1 dl Sahne/Rahm*
*3 EL Schlagsahne/-rahm*
*20 g Kurkuma/Gelbwurz*
*Salz*
*Pfeffer*

**1.** Für die Sauce Schalotten, Weißwein und Fischbrühe auf die Hälfte einreduzieren. Sauce passieren.
**2.** Tomaten und Porree im Dampfeinsatz über der Gemüsebrühe sorgfältig dämpfen. Die Tomaten dürfen nicht zerfallen.
**3.** Muschelfleisch mit Salz und Pfeffer würzen. Nüßchen kräftig anbraten. Wenig Butter dazugeben. Mit dem Wermut beträufeln und kurz weiterbraten. Mit den Orangenschalen und dem Koriander bestreuen.
**4** Porree mit den Zitronenschalen mischen.
**5.** Sojasprossen in kochendem Wasser 2 bis 3 Minuten blanchieren.
**6.** Untere Tomatenhälfte mit wenig Porreestreifen füllen. Muschelnüßchen darauf setzen. Mit der zweiten Tomatenhälfte abschließen.

**7.** Fischsauce aufkochen. Sahne und Gelbwurz dazugeben. Sauce wenig einreduzieren. Würzen. Ganz am Schluß die Schlagsahne darunterrühren.
**8.** Mit der Sauce auf vorgewärmten Tellern einen Spiegel machen. Tomate in die Mitte setzen. Mit Sojasprossen und Koriander garnieren.

Abbildung rechts

## Babymakrelen in Weißwein

*4 kleine Makrelen, filetiert, Gräte entfernt*
*700 ml/7 dl trockener Sylvaner*
*(Weißwein)*
*50 g Schalotten, fein gehackt*
*50 g Sellerie, in sehr feinen Streifen*
*50 g Möhren/Karotten, in sehr feinen*
*Streifen*
*40 g Porree/Lauch, in sehr feinen Ringen*
*4 Lorbeerblatt*
*4 Wacholderbeeren*
*Salz*
*Pfeffer aus der Mühle*
*1 Bund Petersilie, fein gehackt*

**1.** Wein, Zwiebeln, Gemüsestreifen, Lorbeerblätter und Wacholderbeeren aufkochen. Mit Salz und Pfeffer würzen.
**2.** Die Hälfte des Weinsudes in eine flache Schüssel gießen. Fischfilets mit der Haut nach unten hineinlegen. Restlichen Sud dazugießen. 10 bis 15 Minuten ziehen lassen. Lorbeerblätter und Wacholderbeeren entfernen.
**3.** Die Makrelenfilets mit der Petersilie bestreuen. Lauwarm im Sud servieren.

## Zander mit Artischockenmousse

*500 g Zanderfilets, ohne Gräte und Häute*
*100 g Crème double/Doppelrahm*
*2 Eiweiß*
*Salz*
*Pfeffer*
*200 ml/2 dl Fischbrühe/-fond*
*(Rezept Seite 100)*

*Garnitur*
*wenig gelber Gemüsepaprika/Peperoni,*
*in sehr feinen Streifen (Julienne)*
*wenig Fenchel, in sehr feinen Streifen*
*einige entsteinte schwarze Oliven*
*gezupfte Kerbelblättchen*

*Artischockenmousse*
*2 große Artischockenböden, ca. 100 g*
*1 kleine Kartoffel, geschält, klein gewürfelt*
*20 g Butter*
*5 EL Sahne/Rahm*
*Pfeffer*

*Vinaigrette*
*1 Tomate, gehäutet, in Brunoise*
*3 EL Fischbrühe/-fond*
*wenig roter Gemüsepaprika/Peperoni, in Brunoise*
*2–3 EL Kräuter, gehackt*
*1 EL Sherryessig*
*4 EL Olivenöl*
*Pfeffer*

**1.** Für die Füllung 100 g Zander mit dem Eiweiß pürieren. Crème double dazugeben. Würzen.
**2.** Zanderfilets längs halbieren. Würzen. Fischfüllung auftragen. Filets aufrollen. Mit einem Zahnstocher fixieren. Fischröllchen über der Fischbrühe im Dampfeinsatz 8 bis 10 Minuten garen. Warm stellen.
**3.** Für die Mousse Artischocken und Kartoffeln garen. Pürieren. Butter und Sahne dazugeben. Abschmecken.
**4.** Für die Sauce die Hälfte der Fischbrühe auf ca. 3 Eßlöffel einreduzieren. Gemüsepaprika und Tomaten in der Brühe kurz garen. Restliche Saucenzutaten dazugeben. Gut rühren.

**5.** Für die Garnitur sämtliches Gemüse knackig garen.
**6.** Vinaigrette auf Teller verteilen. Artischockenmousse in die Mitte geben. Fischröllchen (Zahnstocher entfernen) gemäß Abbildung anordnen. Mit dem Gemüse und dem Kerbel garnieren.

Abbildung rechts

## Lammleberknödel auf warmem Radieschensalat

*200 g Lammleber, durch den Fleischwolf gestoßen (Metzger)*
*4 altbackene Brötchen, zerkleinert*
*125 ml/1,25 dl Milch, zum Einweichen*
*100 g Schalotten, fein gehackt*
*1–2 Knoblauchzehen, fein gehackt*
*2 Eiweiß von kleinen Eiern*
*Majoran*
*1 EL glatte Petersilie, gehackt*
*Salz*
*Pfeffer aus der Mühle*
*Schweinenetz (vom Metzger)*
*300 ml/3 dl Gemüsebrühe/-bouillon*
*1 Bund Schnittlauch, fein geschnitten, als Garnitur*

*Salat*
*600 g Radieschen, in feinen Scheiben*
*Sherryessig*
*Olivenöl*

**1.** Brötchen in der heißen Milch einweichen.
**2.** Schweinenetz unter fließendem Wasser reinigen. Gut ausdrücken.
**3.** Schalotten und Knoblauch anschwitzen. Leber dazugeben und mischen.
**4.** Eingeweichte Brötchen mit der Gabel fein zerstoßen.
**5.** Eiweiß mit einer Prise Salz zu Schnee schlagen.
**6.** Leber, Brot, Kräuter und Eischnee sorgfältig mischen.

Fortsetzung Seite 116

7. Schweinenetz auf Knödelgröße zuschneiden. Aus dem Leberteig Knödel formen. Diese einzeln ins Netz wickeln.
8. Gemüsebrühe erhitzen. Die Knödel im Dampfeinsatz ca. 30 Minuten garen.
9. Für den Salat Essig und Öl verrühren. Radieschen marinieren und alsdann in der Sauce kurz dünsten.
10. Die Knödel auf dem warmen Salat anrichten und mit dem Schnittlauch garnieren.

## Gefüllte Zucchini

*4 mittelgroße Zucchini*
*ca. 300 ml/3 dl Gemüsebrühe/-bouillon*

*Füllung*
*1 Zwiebel, fein gehackt*
*2 Knoblauchzehen, gepreßt*
*je 1 roter, grüner und gelber Gemüsepaprika/Peperoni, halbiert, entkernt, in kleinen Würfeln*
*1 Aubergine, in kleinen Würfeln*
*1 Zucchini, in kleinen Würfeln*
*3 Tomaten, gehäutet, Stielansatz entfernt, entkernt, in kleinen Würfeln*
*je 1 Zweig Thymian, Rosmarin, Majoran*
*Salz*
*Pfeffer*
*3 EL Olivenöl*

1. Zucchini halbieren. Mit einem Löffel das Fruchtfleisch auskratzen (für eine Suppe verwenden).
2. Zucchinihälften über der Gemüsebrühe im Dampfeinsatz kurz dämpfen. Warm stellen.
3. Für die Füllung Zwiebeln und Knoblauch anschwitzen. Gemüsepaprika, Auberginen, Zucchini und Tomaten beigeben. 15 bis 20 Minuten dünsten. Mit den Kräutern, den Gewürzen und dem Olivenöl abschmecken.
4. Zucchinihälften mit dem Gemüse füllen. Heiß servieren.

## Kleine Bouillabaisse im Gelee

*½ l Fischbrühe/-fond (Rezept Seite 100)*
*30 Safranfäden*
*2 Eiweiß, zum Klären*
*6 Blatt Gelatine, in kaltem Wasser eingelegt*
*je 80 g Steinbutt-, Rotbarben- und Seezungenfilet, in Streifen*
*4 Scampischwänze, ausgelöst*
*50 g Miesmuscheln, gekocht, ausgelöst*
*2 mittelgroße Tomaten, gehäutet, entkernt, klein gewürfelt*
*8 Scheiben Baguette*
*1–2 TL Butter*
*1–2 Knoblauchzehen, gepreßt*

*Sauce*
*½ Schalotte, fein gehackt*
*wenig Olivenöl*
*Sherryessig*
*Salz*
*Pfeffer*
*Basilikum*

für 4 mittelgroße Portionenförmchen
1. Fischfond und Safranfäden aufkochen. 15 Minuten auskühlen lassen. Eiweiß zum Fond geben. Abermals aufkochen. 10 Minuten stehen lassen. Jetzt kann das Eiweiß samt Trübstoffen problemlos abgeschöpft werden.
2. Gelatine gut ausdrücken. Im warmen Fischfond auflösen.
3. Fischstreifen und Scampi 3 bis 4 Minuten dämpfen. Auskühlen lassen.
4. Förmchen ca. 5 mm hoch mit Gelee ausgießen. im Kühlschrank fest werden lassen.
5. Fische, Scampi und Muscheln in die Förmchen geben. Mit dem restlichen Gelee auffüllen. Mindestens 6 Stunden kühl stellen.
6. Saucenzutaten verquirlen. Feingeschnittenes Basilikum und Tomatenwürfel mit der Sauce mischen.
7. Baguettescheiben mit der Knoblauchbutter einstreichen. Grillen.
8. Geleeköpfchen auf Teller stürzen. Mit den Tomatenwürfeln und dem Brot anrichten.

Abbildung rechts

## Petersfisch im Kohlwickel auf Gemüseschaum

*4 Filets vom Petersfisch, je 50 g*
*Pfeffer*
*½ Limone, Saft*
*4 große Chinakohlblätter, gedämpft*
*300 ml/3 dl Fischbrühe/-fond*
*je 20 g Sellerie, Porree/Lauch, Möhren/*
*Karotten, roter Gemüsepaprika/Peperoni,*
*Gurken, in sehr feinen Würfelchen*
*(Brunoise)*
*2 EL Wermut, z.B. Noilly Prat*
*40 g kalte Butter*
*1 EL Kerbel, fein gehackt*
*1 TL frischer Ingwer, gerieben*
*Salz*
*Pfeffer*
*1 EL Crème double/Doppelrahm*
*Kerbelblättchen für die Garnitur*

*Mousse*
*80 g Petersfisch, gehackt*
*½ Eiweiß*
*50 g Crème double/Doppelrahm*
*1 TL Koriander, fein gehackt*
*Salz*
*Pfeffer*
*½ Limone, Saft*

**1.** Petersfilet mit wenig Limonensaft und Pfeffer marinieren.
**2.** Für die Mousse gehackten Fisch mit dem Eiweiß pürieren. Im Eiswasser die Sahne unter kräftigem Rühren unter die Fischmasse arbeiten. Koriander beigeben. Mit Salz, Pfeffer und Limonensaft abschmecken.
**3.** Fischmousse auf den Chinakohlblättern ausstreichen. Fischfilets darauflegen und einrollen. Die Wickel im Dampfeinsatz 5 bis 10 Minuten über der Fischbrühe garen. Herausnehmen und warm stellen.
**4.** Die Gemüsewürfelchen im selben Einsatz dämpfen.
**5.** Fischfond auf 150 ml/1,5 dl einreduzieren. Wermut beigeben. Die kalte Butter unter kräftigem Rühren zur Brühe geben. Mit dem Kerbel und Ingwer würzen. Crème double da-

zugeben. Schaumig rühren. Gemüsewürfelchen beifügen.
**6.** Mit der Sauce auf vorgewärmten Tellern einen Spiegel machen. Fischwickel anrichten. Mit viel Kerbel garnieren.

## Sellerie-Ravioli mit Langustine

*Langustinen*
*4 Langustinenschwänze, geschält*
*Salz*
*Pfeffer*
*Koriander aus der Mühle*
*1 EL Butter*

*Ravioli*
*16 Knollenselleriescheiben, sehr dünn*
*geschnitten (am besten mit der*
*Fleischmaschine)*
*6 Langustinenschwänze, geschält*
*100 g Crème double/Doppelrahm*
*2 EL Wermut, z.B. Noilly Prat*
*8 Blatt Koriander*
*Salz*
*Pfeffer*
*Limonensaft*
*1 Eiweiß, verquirlt*

*Sauce*
*100 ml/1 dl Rote-Bete-/Randensaft*
*30 g frischer Meerrettich, gerieben*
*3 EL Kalbsbrühe/-fond*
*2 EL Schlagsahne/-rahm*
*Salz*
*Koriander aus der Mühle*

**1.** Selleriescheiben blanchieren. Auf einem Tuch trocknen lassen.
**2.** Für die Füllung 4 Langustinen mit dem Wermut pürieren. Im Eiswasser Crème double und pürierte Langustinen zu einer homogenen Masse rühren. Restliche zwei Langustinen klein würfeln und zur Masse geben. Würzen.
**3.** Langustinenfüllung auf 8 Selleriescheiben verteilen. Mit einem Korianderblättchen gar-

Abbildung rechts          Fortsetzung Seite 120

nieren. Rand mit Eiweiß einpinseln. Zweites Blatt darauflegen. Gut zusammendrücken. Mit einem runden Ausstecher Ravioli ausstechen.

**4.** Ravioli im Dampfeinsatz über einer Gemüsebrühe 5 Minuten garen.

**5.** Langustinen würzen. Gut anbraten. Butter dazugeben. Kurz weiterbraten.

**6.** Rote-Bete-Saft und Kalbsbrühe aufkochen. Meerrettich und Schlagsahne dazugeben.

**7.** Mit der heißen Sauce auf vorgewärmten Tellern einen Spiegel machen. Je 2 Ravioli auf jeden Teller geben. Langustinenschwanz und -zange gemäß Abbildung anrichten. Mit Koriander garnieren.

## Taubenbrüstchen im Gemüsemantel

*4 Waldtauben- oder*
*Melettstaubenbrüstchen*
*4 große Möhren/Karotten*
*½ l Gemüsebrühe/-bouillon*

*Fleischpaste*
*80 g Poulardenfleisch, in Würfeln*
*80 g Crème double/Doppelrahm*
*Salz*
*Pfeffer*
*50 g Gänseleber*
*2 TL gehackte schwarze Trüffel*
*Herz und Leber der Tauben*
*30 g Butter*
*1 EL Weißbrot, zerpflückt*
*50 g Mischpilze, gewürfelt*
*1 EL Apfelwürfelchen*
*je 1 TL Thymian und Petersilie, gehackt*

*Taubenbrühe/-fond*
*Taubenknochen und Abschnitte*
*200 g Mischgemüse (Möhren/Karotten,*
*Knollensellerie, Lauch, Zwiebeln),*
*zerkleinert*
*1 EL Tomatenkonzentrat/-püree*
*200 ml/2 dl Rotwein*
*Salz*
*einige Pfefferkörner*
*1 Lorbeerblatt*

*7 EL Porto*
*½ l Geflügelbrühe/-fond (Rezept Seite 98)*
*Cognac*
*16 Trüffelscheiben*

**1.** Für den Taubenfond Abschnitte und Taubenknochen leicht rösten. Mischgemüse und Tomatenkonzentrat beigeben und mitdünsten. Mit dem Rotwein ablöschen. Gewürze beigeben. Flüssigkeit stark einköcheln lassen. Portwein dazugeben, abermals einreduzieren. Mit der Geflügelbrühe auffüllen. 1 Stunde köcheln lassen. Brühe durch ein Tuch oder ein Sieb passieren. Entfetten. Taubenbrühe auf 150 ml/1,5 dl einreduzieren.

**2.** Für die Füllung das Poulardenfleisch im Tiefkühler leicht gefrieren lassen. Mit der Sahne pürieren. Mit Salz und Pfeffer würzen. Gänseleber mit dem Poulardenfleisch gut mischen. Kalt stellen. Innereien würfeln und anbraten. Brot, Pilze und Äpfel einzeln in wenig Butter kurz rösten. Mit der Fleischmasse mischen. Würzen. Gehackte Kräuter beigeben.

**3.** Von den Möhren mit der Fleischmaschine oder mit dem Kartoffelschäler dünne, möglichst breite und lange Streifen schneiden. Über dem Gemüsebrühedampf geschmeidig machen. Möhrenstreifen so breit auslegen, daß ein Taubenbrüstchen problemlos eingeschlagen werden kann. Taubenbrüstchen mit der Fleischpaste einstreichen. Diagonal auf das Möhrenblatt legen. Einschlagen.

**4.** Taubenbrüstchen über der Gemüsebrühe ca. 10 Minuten garen. Topf von der Wärmequelle nehmen. Kurz zugedeckt stehen lassen.

**5.** Sauce aufkochen. Trüffel zur Sauce geben. Mit dem Cognac abschmecken. Nach Belieben nachwürzen.

**6.** Mit der Sauce auf vorgewärmten Tellern einen Spiegel machen. Taubenpäckchen in die Mitte geben. Mit einer Trüffelscheibe und grobem Meersalz dekorieren.

**Tip:** Anstelle der Möhren können auch Wirsingblätter verwendet werden.

Abbildung rechts

## Steinbutt-Tatar

*300 g Steinbuttfilets, gehackt*
*2 EL Olivenöl*
*20 g Schalotten, fein gehackt*
*10 g grüne Pfefferkörner, fein gehackt*
*1 EL Kerbel, fein gehackt*
*Salz*
*Pfeffer und Koriander aus der Mühle*
*1 Prise Zucker*
*wenig Limonensaft*

*Muscheln*
*12 Jakobsmuscheln ausgelöst, halbiert*
*Pfeffer aus der Mühle*
*2 EL Sahne/Rahm*
*3 EL Wermut, z.B. Noilly Prat*
*1 Orange, abgeriebene Schale*

*Sauce*
*100 g saure Sahne/Sauerrahm*
*Safranpulver*
*wenig Zitronensaft*
*Salz*
*Pfeffer*

*diverse Blattsalate, z.B. Frisée, roter*
*Eichblattsalat, Lollo rosso, wenig Kerbel*

*Nudelteig*
*100 g Mehl*
*2 Eigelb*
*30 g Sepia-Tinte*
*1 Prise Salz*

**1.** Für die Nudeln sämtliche Zutaten zu einem geschmeidigen Teig kneten. Teig in Klarsichtfolie eingewickelt mindestens 30 Minuten ruhen lassen. Nudelteig sehr dünn ausrollen. Mit einem scharfen Messer Nudeln schneiden.
**2.** Sämtliche Zutaten für den Fischtatar mischen. Würzen. Mit wenig Limonensaft abschmecken.
**3.** Jakobsmuscheln mit Pfeffer würzen. In der Sahne wenden und kurz braten. Mit dem Wermut ablöschen. Abgeriebene Orangenschale darüberstreuen.

**4.** Nudeln in reichlich Salzwasser al dente kochen.
**5.** Fischtatar vierteln. In der Tellermitte mit Hilfe eines Ausstechers eine Rondelle formen. Blattsalate, Jakobsmuscheln und Nudeln kreisförmig anrichten. Mit der Sauce beträufeln. Mit Kerbel garnieren.

Abbildung rechts

## Gemüselasagne auf Gemüsevinaigrette

*1 Rübkohl/Kohlrabi*
*2 große Möhren/Karotten*
*1 Knollensellerie*
*2 Sproß Stauden-/Stangensellerie*
*100 g zarte grüne Bohnen*
*12 grüne Spargel*
*4 Scheiben Kalbsbries/-milke*
*2 EL Sahne/Rahm*
*3 EL Olivenöl*
*50 g Rauke/Rucola 4 Handvoll Blattsalat*
*1 Sträußchen glatte Petersilie, gezupft*
*Salz*
*Pfeffer*

*Vinaigrette*
*9 EL Olivenöl*
*3 EL Aceto Balsamico*
*1 kleine Tomate, gehäutet, in Brunoise*
*10 g schwarze Trüffel, gehackt*
*50 g frische Morcheln*
*Salz*
*Pfeffer*
*1 TL Kerbel, fein gehackt*
*1 Orange, abgeriebene Schale*

**1.** Möhren, Sellerie und Kohlrabi schälen. Vom Sellerie und Kohlrabi je 4 möglichst dünne Scheiben schneiden. Am besten geht dies mit einer Fleischmaschine. Auch ein Kartoffelschäler eignet sich. Jedoch ist die Schnittfläche in diesem Fall zu klein, als daß beim Sellerie und Kohlrabi die Breite voll ausgenutzt

Fortsetzung Seite 124

werden kann (die Scheiben müssen zusammengesetzt werden). Von den Möhren längs 8 dünne Scheiben schneiden (mit Fleischmaschine oder Kartoffelschäler). Aus dem gegarten Gemüse sollen Quadrate von ca. 7 cm zusammengesetzt werden können. Staudensellerie in 7 cm lange Stücke schneiden. Diese längs in dünne Streifen schneiden. Beim Spargel die Enden kappen. Spargel in 7 cm lange Stücke schneiden. Bohnen putzen. Sämtliches Gemüse bißfest kochen. Morcheln für die Vinaigrette ganz am Schluß dazugeben und mitdämpfen. Das warme Gemüse mit dem Olivenöl marinieren und würzen. Warm stellen.

**2.** Aus den Gemüseresten Brunoise schneiden (für die Vinaigrette verwenden).

**3.** Kalbsbries mit Salz und Pfeffer würzen. In der Sahne wenden. Beidseitig braten.

**4.** Für die Vinaigrette Öl und Essig gut verquirlen. Die Morcheln in dünne Ringe schneiden. Sämtliche Zutaten zur Sauce geben.

**5.** Sämtliches Gemüse direkt auf dem Teller wie eine Lasagne stapeln: Gemüseblatt, Spargel mit wenig Vinaigrette, Gemüseblatt, grüne Bohnen und Staudensellerie, Gemüseblatt, Kalbsbries mit wenig Vinaigrette, Gemüseblatt. Brunoise zur Vinaigrette geben. Vinaigrette um die Lasagne verteilen. Blattsalate kranzförmig anrichten. Petersilile als Garnitur verwenden.

Abbildung Kapiteltitel Seite 109

## Petersfisch-Rollen auf Schnittlauchsauce

*600 g Petersfischfilets*
*je 75 g Möhren/Karotten, Sellerie und Porree/Lauch, in sehr feinen Streifen\**
*50 g Schalotten, fein gehackt*
*10 frische oder getrocknete (in Wasser einlegen) Morcheln, in feinen Ringen*
*wenig Olivenöl*
*Salz*
*Pfeffer*
*150 ml/1,5 dl Weißwein*
*150 ml/1,5 dl Wasser*
*frischer Koriander für die Garnitur*

*Sauce*
*1 Becher Vollmilchjoghurt*
*2 EL Schnittlauch, feingeschnitten*

**1.** Fischfilets zwischen zwei Plastikfolien hauchdünn und gleichmäßig klopfen. Die Filets sollen transparent sein.

**2.** Für die Füllung das Gemüse mit Olivenöl, Salz und Pfeffer marinieren.

**3.** Gemüsestreifen und Pilze auf die Fischfilets verteilen und vorsichtig aufrollen.

**4.** Weißwein und Wasser aufkochen. Fischrollen in den Dampfeinsatz legen. Ca. 5 Minuten dämpfen.

**5.** Joghurt und Schnittlauch mischen. Würzen.

**6.** Mit der Joghurtsauce auf den Tellern einen Spiegel machen. Fischrollen darauf anrichten. Mit Koriander garnieren.

**\*Feine Gemüsestreifen:** Mit einem Sparschäler/Kartoffelschäler Streifen abziehen. Diese längs in 2 bis 3 Teile schneiden.

**Tip:** Mit Kräuterkartoffeln servieren.

Abbildung rechts

## Lammhaxe mit Gemüseperlen

*8 Lammhaxen, je 150 g schwer*
*100 g Knollensellerie, in Würfeln*
*100 g Möhren/Karotten, in Würfeln*
*100 g Zwiebeln, gehackt*
*100 g Petersilienwurzel, gehackt*
*3 Knoblauchzehen*
*2 reife Tomaten, in Stücken*
*250 ml/2,5 dl Rotwein*
*250 ml/2,5 dl Lammbrühe/-fond*
*(Rezept Seite 98)*
*4 Wacholderbeeren*
*1 Lorbeerblatt*
*1 Zweig Thymian*
*1 Zweig Rosmarin*
*einige Pfefferkörner, zerdrückt*

*Pökellake*
*5 l Wasser*
*500 g Pökelsalz*

*Garnitur*
*50 g Möhren/Karotten*
*50 g Knollensellerie*
*50 g Rote-Bete/Randen*

**1.** Pökelsalz im Wasser auflösen. Haxen für 6 Tage in die Lake legen. Herausnehmen. 1 Tag wässern.
**2.** Haxen mit Küchenpapier gut trocknen.
**3.** Haxen beidseitig kräftig anbraten. Gemüse und Knoblauch beigeben. Mitdünsten. Mehrmals rühren. Tomaten in den Topf geben. Mit dem Rotwein ablöschen und der Lammbrühe auffüllen. Gewürze dazugeben.
**4.** Haxen 1 Stunde schmoren. Von Zeit zu Zeit mit dem Bratfond übergießen. Die letzten Minuten ohne Deckel garen. Haxen herausnehmen. Sauce passieren. Fleisch in die Sauce zurückgeben.
**5.** Von der Möhre, dem Sellerie und der Rote-Bete mit einem Kugelausstecher «Perlen» ausstechen. Das Gemüse dünsten. Mit wenig Butter abschmecken.

**6.** Mit der Sauce auf vorgewärmten Tellern einen Spiegel machen. Je zwei Haxen darauf anrichten. Diese mit wenig Sauce beträufeln. Mit den Gemüseperlen garnieren.

**Tip:** Die Haxen vom Metzger pökeln lassen.

## Zanderfilet auf Dillblüten

*2 Zander, je 400–500 g, filetiert, Gräte*
*gezupft (der Fisch muß mindestens*
*1 Tag gelagert haben)*
*Salz*
*Pfeffer*
*½ l trockener Weißwein*
*10 Dillblüten\**

*Sauce*
*200 g Porree/Lauch, in feinen Streifen*
*je 100 g Knollensellerie und Möhren/*
*Karotten, in feinen Streifen*
*3 Schalotten, fein gehackt*
*250 g Crème double/Doppelrahm*

**1.** Zanderfilets mit Salz und Pfeffer würzen.
**2.** Weißwein in die Pfanne geben. Dillblüten in den Dampfeinsatz legen. Die Fischfilets mit der Hautseite oben in den Einsatz legen. Fische im Weindampf ca. 3 Minuten garen. Fische warm stellen.
**3.** Für die Sauce Porree, Sellerie, Möhren und Schalotten zum Wein geben. Das Gemüse bißfest kochen. Mit wenig Flüssigkeit pürieren. Püree mit der Crème double aufkochen. Je nach Konsistenz der Sauce wenig Weinbrühe dazugeben.
**5.** Mit der Sauce auf vorgewärmten Tellern einen Spiegel machen. Fischhaut abziehen. Zanderfilets und Dillblüten auf der Sauce anrichten.

**\*Dillblüten:** Dillblüten sind im Spätsommer in Reform- und Spezialläden erhältlich. Sie werden hauptsächlich zum Einlegen von Gurken verwendet.

Abbildung rechts

## Karpfengulasch mit Paprikabutter

*1 Karpfen, ca. 1,8 kg*
*½ l trockener Weißwein*
*1 Zwiebel*
*1 Gewürznelke*
*1 Lorbeerblatt*
*Salz*
*Pfeffer*

*Sauce*
*300 g roter Gemüsepaprika/Peperoni,*
*in Vierteln, entkernt*
*100 g Butter*
*wenig Sherryessig*

*Spinatbeutel*
*70 g große Spinatblätter*
*½ Knollensellerie, in Stücken*
*1 EL Butter*
*125 g/1,25 dl Sahne/Rahm*
*wenig Schnittlauch, zum Binden der*
*Beutel*

**1.** Karpfen filetieren und entgräten.
**2.** Spinat blanchieren und im Eiswasser (Wasser mit Eiswürfeln) abschrecken.
**3.** Sellerie garen und pürieren. Selleriepüree, Butter und Sahne erwärmen und abschmekken.
**4.** 2 bis 3 Spinatblätter zu einer Rondelle auslegen. Wenig Selleriepüree in die Mitte geben. Zu einem Beutel falten. Mit Schnittlauchhalmen binden. Warm stellen.
**5.** Weißwein mit der gleichen Menge Wasser und der mit Gewürznelke und Lorbeerblatt bespickten Zwiebel erhitzen. Karpfenfilets über der Flüssigkeit im Dampfeinsatz 4 bis 6 Minuten dämpfen. Den Fisch mit Folie decken und warm stellen.
**6.** Für die Sauce den Gemüsepaprika im Fischsud weichkochen. Herausnehmen und im Mixer pürieren. Dabei so viel Fischsud dazugeben, daß eine leicht flüssige Sauce entsteht. Sauce durch ein Sieb passieren. Erhitzen. Butterflocken mit dem Schneebesen unter die Sauce rühren. Mit Salz und Sherryessig abschmecken.

**7.** Mit der Sauce auf vorgewärmten Tellern einen Spiegel machen. Die Fischfilets in gulaschgroße Stücke schneiden. Zusammen mit den Spinatbeuteln anrichten.

**Tip:** Karpfen vom Fischhändler filetieren lassen.

## Pot-au-feu aus dem Meer

*1,2 l Fischbrühe/-fond (Rezept Seite 100)*
*20 Safranfäden*
*wenig Zitronengras*
*ca. 1 EL frischer Ingwer, in feinen*
*Streifchen*
*80 g Frischlachs*
*80 g Petersfisch*
*80 g Seezunge*
*80 g Steinbutt*
*4 Jakobsmuscheln, ausgelöst*
*8 Miesmuscheln, ausgelöst*
*4 Kalmares*
*70 g Möhren/Karotten, in feinen Streifen*
*70 g Porree/Lauch, in feinen Streifen*
*70 g Sellerie, in feinen Streifen*
*Salz*
*Pfeffer*
*gezupfte Kräuter für die Garnitur*

**1.** Safranfäden, Zitronengras und Ingwer zur Fischbrühe geben. Brühe auf 800 ml/8 dl einreduzieren. Zitronengras entfernen.
**2.** Fischstücke halbieren. Sämtliche Fische und Meeresfrüchte in 200 ml/2 dl Fischbrühe pochieren.
**3.** Das Gemüse in der restlichen Fischbrühe bißfest kochen.
**4.** Gemüse samt Brühe auf Suppenteller verteilen. Fisch und Meeresfrüchte dazugeben. Mit den Kräutern und nach Belieben mit einer Scampizange garnieren.

Abbildung rechts

## Hirschmedaillon mit Ingwer-Schokoladensauce und Fingernudeln

*4 Hirschmedaillons vom Rücken, je 100 g*

*Sauce*
*350 ml/3,5 dl Wildbrühe/-fond*
*(vom Metzger oder selbst zubereitet)*
*25 g frischer Ingwer, in Scheiben*
*3 EL Aceto Balsamico*
*50 g Zartbitter-Schokolade*
*30 g Butter*

*Fingernudeln*
*250 g Schalenkartoffeln/Pellkartoffeln,*
*gekocht, vom Vortag*
*70 g Mehl*
*30 g Weizengrieß*
*1 Eigelb*
*ca. 2 EL Butter, flüssig*
*1 kleines Ei (fakultativ)*
*Salz*
*Pfeffer*
*Muskat*

**1.** Wildbrühe (Rezept Kalbsbrühe, jedoch mit Wildknochen und Wildfleisch, Rezept Seite 98): Bei selbstzubereiteter Wildbrühe Ingwer und Essig zusammen mit dem Wein in den Topf geben. Bei gekaufter Brühe Essig und Ingwer zum Fond geben und 10 bis 15 Minuten köcheln lassen. Wildbrühe durch ein feines Tuch oder Sieb passieren.
**2.** Wildbrühe erwärmen. Schokolade und Butter in kleinen Portionen einrühren. Die Sauce immer wieder probieren. Es soll nur so viel Schokolade beigegeben werden, daß das Schokoladenaroma dezent bleibt.
**3.** Für die Fingernudeln die Kartoffeln schälen und durch die Presse/das Passevite drehen. Mehl, Grieß, Eigelb und Butter mit der Kartoffelmasse gut verkneten. Bei zu trockenem Teig ein Ei dazugeben. Mit Salz, Pfeffer und Muskatnuß abschmecken.
**4.** Kartoffelteig portionieren. Zwischen den Handflächen Nudeln drehen. Fingernudeln in wenig Butter braten. Zugedeckt ca. 20 Minuten stehen lassen.
**5.** Hirschmedaillons beidseitig kräftig anbraten. Mit Salz und Pfeffer würzen.
**6.** Mit der Wildbrühe auf vorgewärmten Tellern einen Spiegel machen. Hirschmedaillon und Fingernudeln darauf anrichten. Fleisch mit wenig Sauce beträufeln.

## Gemüse-Potpourri mit Pilzen

*je 100 g grüner Spargel, Broccoli, junge Möhren/Karotten, roter Gemüsepaprika/ Peperoni, Zuckerschoten, Champignons, Austernpilze, Blumenkohl, Stangen-/ Staudensellerie, Schalotten frische Kräuter, gehackt wenig Butter*

**1.** Sämtliches Gemüse gut waschen.
**2.** Beim grünen Spargel unteres Drittel schälen und Schnittstelle kappen. Broccolistrunk auf 3 cm kürzen, den Rest schälen. Möhren putzen, Grün auf 3 bis 4 cm kürzen. Gemüsepaprika in Streifen schneiden. Zuckerschoten putzen. Champignons und Austernpilze putzen, in Scheiben schneiden. Blumenkohl ganz lassen. Stangensellerie in 4 bis 5 cm lange Stücke schneiden. Schalotten hacken.
**3.** Das Gemüse nach Gardauer gestaffelt in einem großen Topf garen. Die längste Garzeit haben grüner Spargel, Broccoli, Gemüsepaprika, Blumenkohl und Stangensellerie (ca. 30 Minuten). Nach 15 Minuten Garzeit Möhren, Zuckerschoten, Austernpilze und Schalotten beigeben. 5 Minuten vor dem Garende die Champignons zum Gemüse geben.
**4.** Gemüse-Potpourri mit den Kräutern würzen. Mit wenig Butter abschmecken.

Abbildung rechts

## Poulardenbrüstchen mit Kartoffelspaghetti

*4 Poulardenbrüstchen, je 100 g*

*Poulardenkruste*
*80 g Poulardenfleisch, gehackt*
*5 EL Sahne/Rahm*
*30 g Pilze, gehackt*
*2 Kartoffeln*
*Salz*
*Pfeffer*
*1 EL Cognac*
*frischer Thymian*

*Gemüse*
*½ Rübkohl/Kohlrabi, in feinen Stäbchen*
*1 kleine Möhre, in feinen Stäbchen*
*50 g Pfifferlinge/Eierschwämme*
*10 g Schalotten, fein gehackt*
*1 EL Estragon, gehackt*
*Salz*
*Pfeffer*

*Sauce*
*50 g Petersilie, gezupft, gehackt*
*100 ml/1 dl Kalbsbrühe/-fond (Rezept Seite 98)*
*100 g/1 dl Sahne/Rahm*
*2 EL Schlagsahne/-rahm*
*Salz*
*Pfeffer*
*Muskatnuß*

**1.** Für die Poulardenkruste das Fleisch im Tiefkühler fest werden lassen. Fleisch und Sahne im Mixer pürieren. Gehackte Pilze dazugeben. Würzen. Mit dem Thymain und dem Cognac abschmecken.
**2.** Kartoffeln schälen. Mit der Légumette spaghettiähnliche Endlos-Streifen drehen. In einem Küchentuch trocknen.
**3.** Poulardenbrüstchen trocknen. Mit Salz und Pfeffer würzen. Auf einer Seite mit der Poulardenmasse einstreichen. Spaghetti-Kartoffeln darauflegen und gut andrücken.
**4.** Ofen auf 200 Grad vorheizen. Einen Topf mit Öl auspinseln. Poulardenbrüstchen, mit der Kartoffelseite unten, auf der Herdplatte

rund 5 Minuten braten. Brüstchen wenden. Weitere 5 Minuten braten. Poulardenbrüstchen im Topf in den vorgeheizten Ofen schieben. Bei 180 Grad weitere 5 Minuten garen.
**5.** Für das Gemüse die Schalotten anschwitzen. Das Gemüse dazugeben. Bißfest garen. Ganz am Schluß die Pfifferlinge für wenige Minuten mitdünsten. Kräuter beigeben. Würzen.
**6.** Für die Sauce Kalbsbrühe und Petersilie pürieren. Sahne auf die Hälfte einreduzieren. Petersilienbrühe dazugeben. Aufkochen. Würzen. Geschlagene Sahne darunterziehen.
**7.** Mit der Petersiliensauce auf vorgewärmten Tellern einen Spiegel machen. Poulardenbrüstchen in die Mitte geben. Das Gemüse kreisförmig anrichten.

Abbildung rechts

## Langustine im Kohlwickel mit Lachsroulade

*4 große Langustenschwänze, ausgelöst*
*80 g Seezungenfilet, klein geschnitten*
*2 EL Sahne*
*Salz*
*Pfeffer*
*4 Blatt Chinakohl, gedämpft*
*ca. 300 ml/3 dl Fischbrühe/-fond (Rezept Seite 100)*

*Lachsrouladen*
*4 große, dünne Frischlachsfilets*
*1–2 EL Wal-/Baumnußöl*
*frischer Koriander, fein gehackt*
*Salz*
*Pfeffer*
*2 Prisen Zucker*
*200 g Wolfsbarschfilet, in feinen Streifen*
*40 g Jakobsmuscheln, gehackt*
*einige grüne Pfefferkörner, gehackt*
*1 TL Schalotten, fein gehackt*
*2 EL Olivenöl*
*wenig Kerbel, fein gehackt*
*4 EL Wal-/Baumnußöl*
*1 EL Aceto Balsamico*
*Blattsalat für die Garnitur*

1. Langustinen mit Salz und Pfeffer würzen. Einige Zeit stehen lassen.

2. Seezungenfilets mit der Sahne pürieren. Mit Salz und Pfeffer würzen.

3. Seezungenmousse auf die Chinakohlblätter streichen. Langustinen in die Blätter wickeln. Päckchen mit Bindefaden schnüren. In der Fischbrühe 3 bis 5 Minuten pochieren. Auskühlen lassen.

4. Lachsfilets mit Walnußöl, Koriander, Salz, Pfeffer und Zucker marinieren.

5. Für das Tatar Wolfsbarsch, Jakobsmuscheln, zerstossene Pfefferkörner, Schalotten, Olivenöl und Kerbel mischen.

6. Tatar auf die Lachsfilets streichen, einrollen und mit Bindefaden schnüren. Kalt stellen.

7. Blattsalat auf Teller anrichten. Wenig Walnußöl und Balsamicoessig verrühren. Über die Salatblätter träufeln. Bindefäden lösen. Langustinen und Lachsrouladen längs aufschneiden. Auf dem Salat anrichten.

## Hähnchen auf Zimtsabayon mit Zucchini-Spaghetti

*4 Hähnchen-/Pouletbrüstchen,*
*total 500–600 g*
*20 frische Salbeiblätter*
*300 ml/3 dl Geflügelbrühe/-bouillon*
*(Rezept Seite 98)*
*Salz*
*Pfeffer*

*Sauce*
*1 Zimtstange*
*100 ml/1 dl Weißwein*
*100 ml/1 dl trockener Wermut*
*4 Eigelb*

*Gemüse*
*4 Zucchini*

*2 EL rosa Pfefferkörner, getrocknet,*
*als Garnitur*

1. Salbeiblätter im Dampfeinsatz über der Geflügelbrühe ca. 2 Minuten dämpfen. Herausnehmen und warm stellen.

2. Hähnchenbrüstchen in den Dampfeinsatz legen und über der gleichen Brühe 10 bis 15 Minuten garen. Warm stellen.

3. Für die Sauce 125 ml/1,25 dl Geflügelbrühe unter Beigabe der Zimtstange auf die Hälfte einreduzieren. Weißwein und Wermut dazugeben. Abermals auf die Hälfte einreduzieren. Zimtstange entfernen.

4. Von den Zucchini mit einem Sparschäler oder Kartoffelschäler dünne Streifen abziehen. Zucchinistreifen längs in 2 bis 3 Teile schneiden. Kurz dünsten. Abschmecken.

5. Eigelb und Geflügelbrühe im heißen Wasserbad mit dem Schneebesen schaumig schlagen (Sabayon). Würzen.

6. Mit einem Teil der Sabayon auf vorgewärmten Tellern einen Spiegel machen. Hähnchenbrüstchen und Zucchini-Spaghetti anrichten. Das Fleisch mit der restlichen Sauce überziehen. Mit den rosa Pfefferkörnern und dem Salbei garnieren.

**Tip:** Bei Verwendung einer Légumette können aus den Zucchini Endlos-Spaghetti hergestellt werden.

Abbildung rechts

## Wachtelwürstchen mit Linsen auf Trüffelsauce

*300 g Wachtelfleisch, entbeint,*
*in Würfeln*
*300 g Poulardenbrüstchen, in Würfeln*
*600 g Crème double/Doppelrahm*
*50 g gehackte schwarze Trüffel*
*10 Tropfen Trüffelöl*
*3 m Lammdarm*
*Salz*
*Pfeffer*
*Stauden-Stangensellerie als Garnitur*

*Sauce*
*50 g Schalotten, gehackt*
*100 ml/1 dl Rotwein*
*100 ml/1 dl Kalbsbrühe/-fond*
*(Rezept Seite 98)*
*40 g gehackte schwarze Trüffel*
*Salz*
*Pfeffer*

*Linsen*
*100 g grüne Linsen*
*1 Möhre/Karotte, in Brunoise*
*200 ml/2 dl leichte Kalbsbrühe/-fond*
*Salz*
*Pfeffer*
*gehackte Petersilie*
*wenig Stauden-/Stangensellerie*

1. Lammdärme unter fließendem kaltem Wasser reinigen.
2. Wachtel- und Pouletfleisch durch die feinste Scheibe des Fleischwolfs stoßen. Kurze Zeit in den Tiefkühler stellen. Crème double portionenweise unter das Fleisch arbeiten. Es soll eine homogene Masse entstehen. Trüffelöl und Trüffel darunterarbeiten. Würzen.
3. Fleischfüllung mittels Spritzsack mit langer Tülle in den Darm füllen. Darm alle 6 cm abbinden. Würstchen in reichlich kochendem Salzwasser überwallen und alsdann auskühlen lassen.
4. Für die Sauce Schalotten anschwitzen. Mit dem Rotwein ablöschen. Auf einige Eßlöffel einreduzieren. Kalbsbrühe dazugeben. Auf die Hälfte einreduzieren. Trüffel dazugeben. Abschmecken.
5. Linsen in der Kalbsbrühe 30 Minuten garen. Kurz vor Ende der Kochzeit die Möhren dazugeben und mitgaren. Linsen würzen. Mit Petersilie abschmecken. 10 bis 15 Minuten nachquellen lassen.
6. Wachtelwürstchen vorsichtig braten. Auf vorgewärmten Tellern mit der Sauce einen Spiegel machen. Linsenhäufchen in die Mitte setzen. Würstchen darauflegen. Mit wenig Sauce beträufeln. Staudensellerie als Garnitur dazulegen.

## Wildgeflügel mit Soja-Honig-Sauce mariniert

*4 Bresse Tauben, bratfertig*
*500 g Stauden-/Stangensellerie, in feinen Scheiben*
*400 g Zucchini, in feinen Scheiben*
*200 g braune Linsen*
*½ l Wasser*
*1 KL Gemüsebrüheextrakt/Gemüsebrühebouillonextrakt*
*Salz*
*Pfeffer*

*Marinade*
*100 ml/1 dl pikante Sojasauce*
*50 g Honig, flüssig*
*2 Knoblauchzehen, in feinen Scheiben*
*1 Limone, in dünnen Scheiben*

1. Sojasauce und Honig verrühren. Knoblauch und Limonenscheiben in die Sauce legen. 2 Stunden ziehen lassen.
2. Tauben 2 Stunden vor dem Braten mehrmals mit der Marinade einpinseln.
3. Geflügel binden (damit es in der Form bleibt): Küchenschnur mit Hilfe einer Nadel durch einen Schenkel, dann durch die Brustspitze, danach durch den zweiten Schenkel ziehen. Jetzt die Schnur durch den Flügel ziehen, unter der Brusthaut durch in den zweiten Flügel stoßen. Schnurenden zusammenziehen und verknoten.
4. Ofen auf 220 Grad erhitzen. Tauben in eine ofenfeste Form (Sauteuse) legen. Allseitig kräftig anbraten (ca. 10 Minuten. Je nach Größe 10 bis 15 Minuten fortgaren. Fleisch häufig mit der Marinade einpinseln.
5. Braune Linsen 20 bis 30 Minuten garen. Mit dem Gemüsebrüheextrakt würzen. 20 Minuten nachquellen lassen.
6. Staudensellerie und Zucchini kurz dünsten. Abschmecken.
7. Sellerie, Zucchini und Linsen auf vorgewärmten Tellern anrichten. Die tranchierten Tauben darauf anrichten.

Abbildung rechts

## Kalbskopf mit Spargel und Morcheln

*600 g Kalbskopf, vom Metzger vorbereitet*
*1 l Kalbsbrühe/-fond (Rezept Seite 98)*
*1 l Wasser*
*1 kleine Möhre/Karotte, in Stücken*
*¼ Knollensellerie, in Stücken*
*½ Porree/Lauch, in groben Ringen*
*1 Zwiebel, halbiert*
*250 g Crème double/Doppelrahm*
*reichlich Kerbel*
*1 Sträußchen Petersilie*
*200 g Blätterteig*
*Eigelb, zum Bestreichen*
*1 kg grüner Spargel*
*30 mittelgroße Morcheln*
*2 Schalotten, fein gehackt*
*Kerbel, als Garnitur*

**1.** Kalbsbrühe, Kalbskopf, Wasser und Gemüse aufkochen. Bei Bedarf mit Salz und Pfeffer würzen. Kalbskopf 3 Stunden auf kleinem Feuer ziehen lassen. Wenn zuviel Flüssigkeit verdampft, Wasser nachfüllen. Garprobe: der Kalbskopf soll butterweich sein. Im Sud warm halten.
**2.** Für die Sauce ½ l gesiebter Sud mit der Crème double auf die Hälfte einreduzieren. Petersilie und Kerbel beigeben. Sauce pürieren. Mit Salz und Pfeffer abschmecken.
**3.** Blätterteig ½ cm dick ausrollen. Rechtecke schneiden. Mit dem Eigelb einpinseln. 2 Stunden ruhen lassen.
**4.** Unteres Drittel der Spargelstangen sparsam schälen. Schnittende um 2 bis 3 cm kürzen. Spargel garen.
**5.** Blätterteigkissen im vorgeheizten Ofen bei 220 Grad 25 Minuten backen.
**6.** Schalotten anschwitzen. Morcheln dazugeben und kurz mitdünsten. Würzen.
**7.** Mit der Kerbelsauce auf vorgewärmten Tellern einen Spiegel machen. Spargel, Morcheln, Kalbskopf und Blätterteiggebäck anrichten. Mit dem Kerbel garnieren.

Abbildung rechts

## Gefüllter Ochsenschwanz mit jungem Knoblauch

*1 ganzer Ochsenschwanz*
*200 g feines Kalbsbrät (vom Metzger)*
*100 g/1 dl Sahne/Rahm*
*1 altbackenes Brötchen, fein gewürfelt,*
*zerstoßen*
*für die Ofenform*
*100 g Zwiebeln, gehackt*
*100 g Möhren/Karotten, gewürfelt*
*100 g Knollensellerie, gewürfelt*
*1 Knoblauchzehe, gehackt*
*12 reife Tomaten, gehäutet, Stielansatz*
*entfernt, entkernt, in Stücken*
*700 ml/7 dl kräftiger Rotwein*
*Rosmarin*
*Thymian*
*Lorbeer*
*Wacholdenbeeren*
*6 Pfefferkörner, zerdrückt*
*Salz*
*Pfeffer*
*Knödel*
*4 altbackene Brötchen, in Würfeln*
*125 ml/1,25 dl Milch, zum Einweichen der*
*Brötchen*
*30 g Butter*
*1 EL Schalotten, fein gehackt*
*2 dünne Scheiben Frühstücksspeck,*
*fein gewürfelt*
*1 EL Petersilie, gehackt*
*1 Ei*
*1 Plastikwurstdarm (vom Metzger)*
*ca. 300 ml/3 dl Gemüsebrühe/-bouillon*
*6 zarte Knoblauchzehen, gehackt*
*wenig Butter*

**1.** Für die Knödel Brotwürfel in der Milch einweichen.
**2.** Ochsenschwanzknochen von unten in Längsrichtung lösen. Vorsichtig mit einem Ausbein- oder kleinem Küchenmesser arbeiten. Es dürfen keine Löcher entstehen.
**3.** Ausgelösten Ochsenschwanz mit der Außenseite nach unten so auf die Arbeitsfläche legen, daß ein spitzwinkliges Dreieck entsteht. Fortsetzung Seite 140

**4.** Für die Füllung die Sahne langsam und vorsichtig unter das Kalbsbrät arbeiten (die Farce darf nicht scheiden). Das zerstoßene Brötchen mit dem Kalbsbrät vermengen.

**5.** Kalbsbrätfüllung auf dem Ochsenschwanz so auftragen, daß dort, wo die größeren Knochen entfernt wurden, die Farce dicker, zur Schwanzspitze hin dünner aufgetragen wird. Ochsenschwanz zusammenrollen. In seiner ursprünglichen Form binden.

**6.** Ausgelöste Ochsenschwanzknochen in 3 cm große Stücke hacken.

**7.** Gefüllten Ochsenschwanz samt Knochen in eine große feuerfeste Form legen. Im vorgeheizten Ofen unter häufigem Wenden bei 230 Grad hellbraun anbraten. Zwiebeln, Möhren, Sellerie, Tomaten und Knoblauchzehe beigeben und kurz mitbraten. Öfters umrühren. Mit dem Rotwein ablöschen. Einreduzieren. Bratensatz am Boden lösen. Soviel Wasser dazugeben, daß der Ochsenschwanz gut bedeckt ist. Kräuter und Gewürze beigeben. 2 Stunden schmoren lassen, dabei das Fleisch immer wieder mit der Sauce übergießen. Das Fleisch mehrmals drehen. Fettaugen mit einem Löffel abschöpfen. Ochsenschwanz aus dem Bratgeschirr nehmen und warm stellen.

**8.** Sauce durch ein Tuch passieren. Auf 250 ml/ 2,5 dl einreduzieren.

**9.** Für die Knödel Schalotten und Speckwürfelchen anschwitzen. Mit den zerstoßenen Brötchen mischen. Petersilie und Ei dazugeben. Gut vermengen. Mit Salz und Pfeffer abschmecken. Knödelmasse vorsichtig in den Wurstdarm füllen und abbinden.

**10.** Knödel im Dampfeinsatz über der Gemüsebrühe 20 bis 25 Minuten garen.

**11.** Knödel mit einem scharfen Messer in Scheiben schneiden. Darmhülle entfernen.

**12.** Knoblauch dünsten. Mit wenig Butter beträufeln.

**13.** Mit der Sauce auf vorgewärmten Tellern einen Spiegel machen. Ochsenschwanz vorsichtig in Scheiben schneiden. Zusammen mit den Knödelscheiben und dem Knoblauch auf der Sauce anrichten. Wenig Sauce über das Fleisch träufeln.

# Hirschfilet

*400 g Rückenfilet vom Junghirsch, am Stück*

*Fleischmantel*
*100 g Hähnchen-/Pouletfleisch, gehackt*
*100 g Crème double/Doppelrahm*
*50 g Gänseleber*
*2 TL schwarze Trüffel, gehackt*
*50 g Mischpilze, gedämpft*
*Salz, Pfeffer*
*Thymian, gehackt*
*Petersilie*
*1 Schweinenetz*

*Sauce*
*2 EL weißer Pfeffer, grob gemahlen*
*3 EL Wermut, z.B. Noilly Prat*
*100 g Crème double/Doppelrahm*
*1 EL Bratenjus*
*Salz*

*Garnitur*
*Gemüseperlen (Seite 30), z.B. Möhren/ Karotten, Knollensellerie, Zucchini einige Pfifferlinge/Eierschwämme*

**1.** Schweinenetz unter fließendem Wasser säubern. Trocknen.

**2.** Für den Fleischmantel das Hähnchenfleisch im Tiefkühler fest werden lassen. Das Fleisch mit der Sahne und den Gewürzen pürieren. Gänseleber, Trüffel, Mischpilze und Kräuter dazugeben. Würzen.

**3.** Hirschfilet würzen. Mit der Fleischpaste einstreichen. Filet ins Schweinenetz wickeln und allseitig braten, ca. 10 bis 15 Minuten. Im Ofen bei 60 bis 70 Grad 5 bis 10 Minuten ruhen lassen.

**4.** Gemüseperlen und Pilze über Dampf kurz garen. Würzen.

**5.** Für die Sauce weißen Pfeffer rösten. Mit dem Wermut ablöschen. Sahne und Bratenjus dazugeben. Aufkochen. Würzen.

**6.** Mit der Sauce auf vorgewärmten Tellern einen Spiegel machen. Hirschfilet sorgfältig in 4 Scheiben schneiden. Auf der Sauce anrichten. Gemüseperlen und Pilze kreisförmig anordnen. Sofort servieren.

## Fleischsülze

*400 g gekochter Tafelspitz/Siedfleisch,*
*in dünnen Scheiben*
*je 50 g Möhren/Karotten, Sellerie,*
*Zucchini, in dünnen Scheiben*
*1 l klare Rinderbrühe/-bouillon*
*30 g Schnittlauch*
*20 g Ingwer, geschält*
*2 cm Meerrettich, geschält*
*wenig Sherryessig*
*Salz*
*Pfeffer*
*13 Blatt Gelatine, in kaltem Wasser*
*eingelegt*

*Meerrettichplätzchen*
*50 g Meerrettich, frisch gerieben*
*2 EL Zucker*
*3 EL Semmelbrösel/Paniermehl*
*2 EL Butter, flüssig*
*2 Eier*
*Salz*

*Schnittlauch-Vinaigrette*
*Olivenöl*
*Rotweinessig*
*Schnittlauch, fein geschnitten*
*Salz*
*Pfeffer*

**1.** Terrinenform kühl stellen.
**2.** Für die Fleischsülze Möhren, Sellerie und Zucchini bißfest garen. Im Eiswasser (Wasser mit Eis) rasch abkühlen.
**3.** Rinderbrühe, Schnittlauch, Ingwer, Meerrettich, Sherryessig, Salz und Pfeffer aufkochen und 10 Minuten köcheln lassen. Die Brühe durch ein Sieb passieren. Gut ausgedrückte Gelatine in die Brühe geben. Sülze auf Eiswasser (Wasser mit Eis) auskühlen lassen.
**4.** Sülze, Tafelspitz und Gemüsestreifen abwechslungsweise in die gekühlte Terrinenform füllen. Solange fortfahren, bis die Zutaten aufgebraucht sind. Fleischsülze im Kühlschrank fest werden lassen.
**5.** Für die Meerrettichplätzchen die Zutaten gut mischen. Plätzchen in einem mit Öl ausge-pinselten Topf auf beiden Seiten goldbraun backen.
**6.** Mit der Vinaigrette auf den Tellern einen Spiegel machen. Sülze stürzen. In Scheiben schneiden. Anrichten. Meerrettichplätzchen dazugeben.

Abbildung rechts

## Saibling und Gemüse im Pergamentpapier

*2 Saiblinge, je 500 g*
*Salz*
*Pfeffer*
*40 g Knollensellerie, in feinen Streifen*
*½ Zitrone, Saft*
*2 Fleischtomaten, gehäutet, entkernt, in*
*Würfeln*
*60 g Möhren/Karotten, in feinen Streifen*
*60 g Porree/Lauch, in feinen Streifen*
*200 g Champignons, in feinen Scheiben*
*6 Basilikumblätter*

**1.** Saiblinge filetieren. Seitliche Gräte mit einer Pinzette ziehen. Mit Salz und Pfeffer würzen.
**2.** Sellerie mit Zitronensaft beträufeln, damit er seine weiße Farbe behält.
**3.** Tomaten, Sellerie, Möhren, Porree und Champignons bißfest dünsten. Fein geschnittenes Basilikum dazugeben. Würzen.
**4.** 4 Pergamentbogen in der Mitte falten. Auf die eine Hälfte wenig Gemüsemischung geben. Saiblinge darauf legen. Mit dem Gemüse decken. Das «Paket» schließen, dabei die Ränder sorgfältig und fest einschlagen.
**5.** Saiblinge im vorgeheizten Ofen bei 220 Grad 8 Minuten garen. Das Pergamentpapier soll sich aufblähen und an der Oberseite goldbraun werden.
**6.** Saiblinge im Pergament-Paket auf den Tisch bringen. Das Papier mit einer Schere aufschneiden. Saiblinge und Gemüse auf vorgewärmten Tellern anrichten.

**Tip:** Die Fische vom Händler filetieren lassen.

## Krokant-Parfait auf Pfefferminzsauce

*2 Eier*
*5 EL Zucker*
*300 g/3 dl Sahne/Rahm*
*2 EL Kirsch*
*100 g Krokant, mit dem Nudelholz zerstoßen*

*Pfefferminzsauce*
*2 EL Zucker*
*3 EL Wasser*
*2 EL frische Pfefferminze, fein geschnitten*
*1–2 EL grüner Pfeffer*
*1 EL Pfefferminzlikör*
*1 Blatt Gelatine*
*einige Pfefferminzblätter, in Streifen, als Garnitur*

für 5 Personen
**1.** Eier und Zucker im heißen Wasserbad schaumig schlagen. Anschließend im Eiswasser (Wasser mit Eis) solange weiterschlagen, bis die Masse ausgekühlt ist. Geschlagene Sahne, Krokant und Kirsch darunterrühren.
**2.** Eimasse in Portionenförmchen oder in eine Terrinenform füllen. Im Tiefkühler gefrieren lassen (ca. 3 Stunden).
**3.** Für die Pfefferminsauce die Gelatine in kaltem Wasser einlegen. Zucker und Wasser zu einem Sirup einkochen. Zerdrückte Pfefferkörner und Pfefferminze dazugeben und aufkochen. Sirup erkalten lassen. Passieren. Pfefferminzlikör darunterrühren. Gelatine im heißen Wasserbad auflösen. Unter die Sauce rühren.
**4.** Mit der Pfefferminzsauce auf Tellern einen Spiegel machen. Portionenförmchen kurz in heißes Wasser tauchen. Rand mit dem Messer lösen. Auf die Sauce stürzen. Bei Verwendung einer großen Form Parfait entweder stürzen und portionieren oder mit dem Eisportionierer Kugeln abstechen. Mit Pfefferminze garnieren.

## Crêpes François Gatti

*Crêpeteig*
*125 ml/1,25 dl Wasser*
*250 ml/2,5 dl Milch*
*4 Eier*
*50 g Butter, flüssig*
*100 g Mehl*
*1 Prise Zucker*
*1 Prise Salz*
*2 unbehandelte Orangen, Zesten («Zesten» Seite 34)*

*Füllung*
*4 Orangen, Saft*
*2 Eier, verquirlt*
*3 Eigelb*
*100 g Butter*
*150 g Zucker*
*36 Orangenschnitze («filetieren» Seite 30)*

*Orangenlikör, z.B. Grand Marnier*
*250 g/2,5 dl Sahne/Rahm, geschlagen, nach Belieben*

für 6 Personen
**1.** Für die Crêpes sämtliche Zutaten zu einem glatten Teig rühren. 30 Minuten ruhen lassen.
**2.** Bratpfanne mit wenig Öl auspinseln. 12 hauchdünne Crêpes backen. Warm stellen.
**3.** Für die Füllung Orangensaft, Eier, Eigelb, Butter und Zucker unter ständigem Rühren vor den Kochpunkt bringen. Die Creme darf nicht kochen. Orangencreme durch ein feines Sieb passieren.
**4.** Crêpes mit je einem Löffel Orangencreme und 3 Orangenfilets füllen und zusammenfalten.
**5.** Pro Person 2 Crêpes auf flache Teller anrichten. Mit dem Orangenlikör beträufeln. Nach Belieben mit Schlagsahne garnieren.

**Tip:** Bei starker Oberhitze (Grillstufe) überbacken und mit Puderzucker bestäuben. Die Rezeptmenge reicht auch für 8 Personen (entsprechend kleinere Crêpes backen.).

Abbildung rechts

## Kristallbirne auf Pistaziensauce

*Birnensorbet*
*2 Williamsbirnen, ca. 400 g*
*1 Zitrone, Saft*
*180 g Zucker*
*250 ml/2,5 dl Wasser*
*einige Pfefferminzblätter für die Garnitur*

*Kristallbirnen*
*2–3 große Williamsbirnen, fest, nicht zu*
*reif*
*500 g Staubzucker*
*1,2 l Wasser*

*Sauce*
*100 g Pistazienkerne*
*50 ml/0,5 dl Milch*
*50 ml/0,5 dl Vanillesauce (Fertigprodukt)*
*30 g Zuckersirup*
*50 g/0,5 dl Sahne/Rahm*

**1.** Für das Sorbet Wasser und Zucker zu einem Sirup einkochen. Davon 3 Eßlöffel für die Pistaziensauce auf die Seite stellen. Erkalten lassen. Ungeschälte Williamsbirnen halbieren, entkernen und würfeln. Zuckersirup, Zitronensaft und Birnen pürieren. In der Eismaschine oder im Tiefkühler (öfters kräftig rühren, damit sich nicht zu große Eiskristalle bilden können) gefrieren.
**2.** Für die Birnenkristalle Staubzucker und Wasser zu einem Sirup einkochen. Birnen ungeschält vierteln und entkernen. Längs in ca. 2 mm dünne Scheiben schneiden. Birnenscheiben im Zuckersirup auf kleinster Stufe ca. 45 Minuten pochieren. Birnenscheiben auf ein Gitter legen. Im Backofen bei 80 Grad trocknen lassen. Nach einer Stunde wenden. Es sollten knusprige Scheiben entstehen.
**3.** Für die Pistaziensauce Milch und Kerne pürieren. Die Vanillesauce und den Zuckersirup dazugeben. Mit der Sahne verfeinern.
**4.** Mit der Pistaziensauce auf Tellern einen Spiegel machen. Eine Sorbetkugel in die Mitte stellen. Birnenscheiben so in die Kugel stecken, daß eine Birne entsteht. Mit Pfefferminze garnieren.

## Früchte im Weißweingelee auf Beerensauce

*150 ml/1,5 dl süßer Weißwein*
*3 Blatt Gelatine*
*100 g Beeren (je nach Saison Erdbeeren,*
*Himbeeren, Heidelbeeren, Brombeeren,*
*blaue Weintraubenbeeren)*
*50 g Mango, in Scheiben*
*50 g Papaya, in Scheiben*
*frische Pfefferminze*
*frische Beeren für die Garnitur*

*Sauce*
*150 g Erdbeeren oder Himbeeren,*
*je nach Saison*
*1 EL Puderzucker*
*1 EL Limonensaft*
*1 TL Maraschino (Kirschlikör)*

für 5 Personen
**1.** Gelatine in kaltem Wasser einweichen und gut ausdrücken. Wenig Wein erwärmen. Gelatine darin auflösen. Restlichen Wein dazugeben. Gelee auskühlen, aber keinesfalls gelieren lassen.
**2.** Erdbeeren je nach Größe in Scheiben schneiden. Weintraubenbeeren halbieren und entkernen.
**3.** In eine kleine Terrinenform wenig Gelee gießen. Die Früchte abwechslungsweise in die Form legen. Immer wieder mit dem Gelee decken. Mit der Pfefferminze und dem Gelee abschließen. Ca. 4 Stunden in den Kühlschrank stellen.
**4.** Für die Sauce die Beeren pürieren und durch ein Sieb streichen. Mit dem Puderzucker und dem Limonensaft mischen. Sauce kalt stellen.
**5.** Mit der Sauce auf Tellern einen Spiegel machen. Terrine stürzen und in Scheiben schneiden. Auf die Sauce legen. Mit frischen Beeren und Pfefferminzblättern garnieren.

Abbildung rechts:
Kristallbirne auf Pistaziensauce

## Feines Buttergebäck mit Mangos und Passionsfruchtsorbet

*Buttergebäck*
*150 g weiche Butter*
*75 g Staubzucker*
*160 g Mehl*
*1 Eiweiß*
*wenig Salz*

*Belag*
*6 Mangos, in sehr feinen Scheiben*
*250 ml/2,5 dl Vanillecreme*
*200 g Crème double/Doppelrahm*
*1 Passionsfrucht*

*Sauce*
*18 Passionsfrüchte*
*wenig Staubzucker*
*1–2 EL Limonensaft*

*Sorbet*
*100 g Zucker*
*100 ml/1 dl Wasser*
*100 ml/1 dl Weißwein*
*Passionsfruchtmark, von der Sauce*

für 6 Personen

**1.** Für das Sorbet Wasser und Zucker zu Sirup einkochen. Auskühlen lassen.

**2.** Für das Gebäck Butter, Staubzucker, Mehl, Eiweiß und Salz zu einem Teig rühren. 1 Stunde kühl stellen. Teig in einen Spritzbeutel mit kleiner, runder Öffnung füllen. Auf ein mit Backpapier belegtes Blech spiralenförmige Sablés (runde Kekse) von ca. 15 cm Durchmesser spritzen. Im vorgeheizten Ofen bei 170 Grad 10 bis 15 Minuten backen.

**3.** Für die Sauce die Passionsfrüchte halbieren. Soviel Fruchtmark durch ein Sieb streichen, daß man 250 ml/2,5 dl Fruchtsaft erhält (restliches Fruchtmark ist für das Sorbet bestimmt). Fruchtsaft mit wenig Staubzucker und dem Limonensaft verrühren.

**4.** Für das Sorbet das restliche Fruchtmark der Sauce mit dem Zuckersirup, dem Weißwein und dem Eiweiß gut verquirlen. Sorbet in der Eismaschine oder im Tiefkühler gefrieren lassen.

**5.** Für den Belag Vanillecreme, Crème double und Fruchtfleisch der Passionsfrucht gut verrühren.

**6.** Auf jedem Teigboden 2 Eßlöffel Fruchtcreme ausstreichen. Mit den Mangoscheiben belegen. Süßspeise im Backofen leicht erwärmen.

**7.** Das warme Gebäck auf Teller anrichten. 1 Kugel Sorbet in die Mitte geben. Mit wenig Fruchtsaft umgießen. Mit Pfefferminze garnieren.

## Rotweinbirnen auf Pfirsichsauce

*4 schöne Birnen, geschält, halbiert, entkernt*
*1 l kräftiger Rotwein*
*100 ml/1 dl Cassis-/Johannisbeerlikör*
*2 Zimtstangen*
*4–5 Gewürznelken*
*wenig Zucker, je nach Süße der Früchte*

*Pfirsichsauce*
*4 weiße Pfirsiche, halbiert, entsteint*
*100 g Zucker*
*100 ml/1 dl Wasser*
*1 Zitrone, Saft*
*100 g/1 dl Sahne/Rahm*

**1.** Zucker und Wasser zu einem Sirup einkochen.

**2.** Rotwein auf die Hälfte einreduzieren. Gewürze und Likör dazugeben. Birnen im Fond pochieren. Die Flüssigkeit darf nicht kochen. Früchte im Fond erkalten lassen.

**3.** Pfirsichhälften, Zuckersirup und Zitronensaft aufkochen. Früchte zusammenfallen lassen. Im Mixerglas pürieren und durch ein Sieb streichen. Auskühlen lassen. Leicht geschlagene Sahne darunterziehen.

**4.** Mit der Sauce auf den Tellern einen Spiegel machen. Rotweinbirnen gemäß Abbildung in Spalten/Schnitze schneiden. Auf der Sauce anrichten.

Abbildung rechts

## Apfelbeutel auf Sabayon

*4 feste Äpfel*
*120 g Zucker*
*1 Vanilleschote, längs halbiert*
*2 EL Passionsfruchtlikör*
*wenig flüssige Butter*
*20 g Haselnüsse, gerieben*
*einige Pfefferminzblätter für die Garnitur*

*Strudelteig\**
*350 g Mehl, gesiebt*
*1 Ei*
*1 Prise Salz*
*100–150 ml/1–1,5 dl Wasser, handwarm*
*1 EL Öl*

*Sabayon*
*2 Eigelb*
*40 g Zucker*
*50 ml/0,5 dl Passionsfruchtsaft, frisch*
*gepreßt (aus ca. 6 Früchten)*
*50 ml/0,5 dl süßer Weißwein*
*1 EL Passionsfruchtlikör*

**\*Strudelteig:** Für die Beutel wird ca. ½ Rezeptmenge benötigt. Restlichen Teig anderweitig verwerten.

**1.** Das Mehl zu einem Kranz formen. Wasser, Ei, Öl und Salz in die Mitte geben. Nach und nach mit dem Mehl mischen und zu einem festen, geschmeidigen Teig kneten. Teig in Klarsichtfolie eingewickelt bei Zimmertemperatur 1 Stunde ruhen lassen.
**2.** Äpfel schälen, vierteln, entkernen, würfeln. Mit dem Zucker mischen. Äpfel in einem Topf vorsichtig karamelisieren. Mit dem Likör ablöschen. Vanillemark abstreifen und zu den Äpfeln geben. Erkalten lassen.
**3.** Die Hälfte des Strudelteigs in 4 Portionen schneiden. Auf bemehlter Arbeitsfläche sehr dünne Quadrate ausrollen. Enden begradigen. Teigblätter mit der flüssigen Butter einstreichen. Die Mitte mit wenig Haselnüssen bestreuen. Äpfel auf die Nüsse legen. Teig zu einem Beutel falten. Enden gut andrücken.
**4.** Apfelbeutel auf ein Blech stellen. Im vorge-

heizten Ofen auf der mittleren Schiene bei 200 Grad ca. 15 Minuten backen.
**5.** Für das Sabayon alle Zutaten in eine Schüssel geben. Im heißen Wasserbad mit dem Schneebesen solange schlagen, bis die Masse dickflüssig ist.
**6.** Das Sabayon auf Teller verteilen. Apfelbeutel in die Mitte setzen. Nach Belieben eine halbe Passionsfrucht mit einer Kugel Vanilleeis dazugeben. Mit Pfefferminze garnieren.

Abbildung rechts

## Gestürztes Orangensoufflé auf karamelisierter Ingwersauce

*50 ml/0,5 dl Milch*
*2 EL Zucker*
*1 EL Vanillezucker*
*4 EL Mehl*
*50 ml/0,5 dl Orangensaft, gesiebt*
*2 EL Orangenlikör, z.B. Grand Marnier*
*1 Orange, abgeriebene Schale*
*4 Eigelb*
*6 Eiweiß*
*20 g Zucker*

*Sauce*
*70 g Zucker*
*30 g Butter*
*300 ml/3 dl Orangensaft*
*½ Zitrone, Saft*
*1 Zimtstange*
*1 Orange, abgeriebene Schale*
*1 TL frischer Ingwer, gerieben*
*2 Orangen, filetiert, als Garnitur*
*(Seite 30)*
*Staubzucker zum Bestäuben*

**1.** Für die Sauce Zucker vorsichtig hellbraun karamelisieren. Mit dem Orangensaft ablöschen. Karamel vollständig auflösen. Restliche Zutaten dazugeben. Flüssigkeit zu einer dickflüssigen Sauce einköcheln lassen. Zimtstange entfernen. Sauce durch ein Sieb passieren.

Fortsetzung Seite 152

2. Milch, Zucker und Vanillezucker aufkochen. Das mit wenig kalter Milch angerührte Mehl unter die Milch rühren. Solange köcheln, bis die Flüssigkeit die Konsistenz einer Creme hat. Topf vom Kochherd nehmen. Orangensaft, Orangenlikör, Orangenschale und Eigelbe unter die Creme rühren. Kalt stellen.

3. Kurz vor dem Backen das Eiweiß zu Schnee schlagen. Den Zucker (20 g) zur halbsteifen Masse geben. Eiweiß steifschlagen.

4. ⅓ Eischnee mit dem Schneebesen unter die Soufflémasse rühren. Den Rest vorsichtig unter die Eimasse heben.

5. Portionenförmchen (4) ausbuttern und mit Zucker bestreuen. Eimasse einfüllen.

6. Soufflé im vorgeheizten Ofen auf der untersten Schiene zuerst 10 Minuten bei 150 Grad, dann 10 Minuten bei 170 Grad und zuletzt 10 Minuten bei 180 Grad backen.

7. Orangensauce auf Teller verteilen. Soufflé vorsichtig auf die Sauce stürzen. Mit wenig Staubzucker bestäuben. Mit Orangenfilets garnieren. Sofort servieren.

## Grapefruitgelee mit rosa Pfeffer

*6 feste rosa Grapefruits*
*5–10 g rosa Pfeffer*
*5 EL Armagnac*
*60–90 g Zucker*
*1 Zitrone*
*12 Blatt Gelatine, in kaltem Wasser eingelegt*

*Garnitur*
*100 g gemischte Saisonbeeren*
*120 g dunkle Schokolade*
*120 g Himbeermark*

1. Grapefruits längs halbieren, also vom Stielansatz Richtung Fliege (nur so erhält man ganze Schnitze/Spalten, siehe Foto). Grapefruits sorgfältig auspressen (die Schale darf nicht verletzt werden). Saft abseihen. 8 Schalenhälften von Häutchen und Fruchtfleisch befreien (siehe Foto).

2. Rosa Pfeffer im Armagnac einlegen.

3. Zucker zum Grapefruitsaft geben. Die eingeweichte Gelatine gut ausdrücken. In wenig Grapefruitsaft im heißen Wasserbad auflösen. Mit dem restlichen Fruchtsaft gut verrühren. Rosa Pfeffer ohne Alkohol dazugeben. Grapefruitsaft auf Eiswasser (Wasser mit Eis) abkühlen lassen. Wenn die Flüssigkeit zu gelieren beginnt, in die Schalen füllen. Für 2 bis 3 Stunden in den Kühlschrank stellen.

4. Gefüllte Grapefruits in dünne Schnitze/Spalten schneiden. Kreisförmig anrichten. Mit den Beeren garnieren. Für die Schokoladen- und Himbeerzeichnung je ein Dreieck aus Pergamentpapier schneiden. Dreieck zur Tüte formen. Flüssige Schokolade/Himbeermark einfüllen. Tütenspitze (3 mm) abschneiden. Tüte wie einen Stift halten und ein Muster zeichnen.

Abbildung rechts

## Warmes Aprikosengebäck mit Mandelmilch

*100 g Blätterteig*
*1 Eigelb*
*Mandelblättchen*

*Pochierte Aprikosen*
*16 reife Aprikosen*
*200 g Zucker*
*300 ml/3 dl Weißwein*
*2 Vanilleschoten, ausgekratztes Mark*

*Orangenzesten*
*1 Orange, Zesten (Seite 34)*
*100 ml/1 dl Grenadinensirup*
*100 ml/1 dl Weißwein*

*Mandelmilch*
*200 ml/2 dl Milch*
*30 g frische Mandeln*
*50 g Mandelmasse (1 Teil Zucker, 1 Teil Mandeln)*
*30 g Zucker*
*1 Spritzer Bittermandelessenz*

*Aprikosensorbet*
*3–4 sehr reife Aprikosen*
*(100 g Fruchtfleisch)*
*70 ml/0,7 dl Wasser*
*70 g Zucker*
*7 EL Weißwein*
*1 Eiweiß*

**1.** Für das Aprikosensorbet Wasser und Zucker zu einem Sirup einkochen (100 ml/1 dl). Erkalten lassen. Aprikosen halbieren, entsteinen. Früchte kurz garen, pürieren und durch ein Sieb streichen. Fruchtfleisch erkalten lassen. Sämtliche Zutaten gut verrühren. In der Eismaschine oder im Tiefkühler gefrieren lassen.

**2.** Orangenzesten im heißen Wasser blanchieren. Grenadinensirup und Weißwein aufkochen. Zesten beigeben und weich kochen.

**3.** Mandeln mit wenig Milch pürieren. Sämtliche Zutaten aufkochen. Kalt stellen.

**4.** Blätterteig 3 mm dick ausrollen. Vier aprikosenförmige Plätzchen schneiden. Diese mit Eigelb einpinseln und mit Mandelblättchen bestreuen. Gebäck im vorgeheizten Ofen bei 190 bis 200 Grad 10 bis 15 Minuten backen. Nach halber Backzeit mit Staubzucker bestäuben.

**5.** Für die pochierten Aprikosen Weißwein, Zucker und Vanillemark aufkochen. Aprikosen halbieren und entsteinen. Im Weißwein pochieren. Haut abziehen. Früchte in der Pochierflüssigkeit warm halten. Mit wenig Aprikosenlikör beträufeln.

**6.** Blätterteiggebäck aufschneiden. Teigböden auf warme Teller legen. Mit den noch warmen Früchten belegen. Orangenzesten und wenig Fond daraufgeben. Blätterteigdeckel auf die Aprikosen legen. Mit Staubzucker bestäuben. Mandelmilch abseihen. Milch und restlichen Zestensirup um das Gebäck gießen. Mit wenig gerösteten Mandeln bestreuen. Eine Sorbetkugel und wenig Minze dazulegen.

Abbildung rechts

## Die Herausgeberin

### Dr. oec. troph. Doris Rumm-Kreuter

Doris Rumm-Kreuter ist studierte Ernährungswissenschaftlerin. Ihre Dissertation war der «Haushaltstechnik» gewidmet. Erste praktische Erfahrungen hat die engagierte Anhängerin einer gesunden Küche als Diät-Assistentin in einer Klinik in Deutschland gesammelt. Seit 1985 ist sie Leiterin des Bereichs Ernährung und Haushaltstechnik im Alfa Institut, dem Forschungs- und Entwicklungszentrum der AMC-Gruppe.

## Die Mitautoren

### Otto Koch, Restaurant «Le Gourmet», München

Otto Koch ist Münchner. Hier wuchs er auf, hier begann seine berufliche Laufbahn. Hierher ist er nach vielen Wanderjahren zurückgekehrt. Kontinuität und Kreativität standen schon immer auf seiner Fahne. Ein Stern ist dazugekommen. Als Vordenker der deutschen Küche von morgen wird er gerne bezeichnet. Seine Feinschmecker-Oase «Le Gourmet» im Herzen Münchens gehört zu den feinsten Adressen Deutschlands. Hier wie auch in den übrigen Lokalen im gleichen Haus (Bistro Schwarzwälder Eck, Restaurant Schwarzwälder) bietet er Bestes nach Münchner Art.

### Heinz Witschi, Witschi's Restaurant, Zürich-Unterengstringen

Seit dreißig Jahren steht er nun am Herd, der ehrgeizige, vielgereiste Stadtzürcher, für den El Salvador genau so wenig fremd ist wie Togo, Thailand oder Hammamet. Einige Jahre sind es her, seitdem er den Schritt raus aus der City an die Peripherie gewagt hat. Rückblickend kein Nachteil, sondern der Start zu einer außergewöhnlichen Karriere. Sein beruflicher Aufstieg war steil, am ehesten vergleichbar mit einem imposanten Feuerwerk. Einem Feuerwerk, das sich bis in unsere Tage hält. Die Krönung: Gault Millau Koch des Jahres 1993.